nstouren

gkeit der Klasse „B"

Gebäude mit Widerstandsfähigkeit der Klasse „C" (Baracken)

es

W

ersonalamtes,

21. Nachrichten Luftschutzbunker
21 A- Fernschreibvermittlungsbaracke
22. Garagen
M - Luftschutzbunker-Fűhrer-Flack-Abteilung
N - Kommandantur Führer Begleit- Bataillon (FBB)
O - Ortskommendant –Wachen
P - Haus von Bormann
R - Luftkamin
S - Baracke-Verbindungsoffiziere, Ärzte
T - Luftschutzbunker, Reichspressechef O. Dietrich
W - Reichsbildberichterstatter (H. Hoffmann, W. Frentz)
Z - Alte Teehaus

Die Geschichte
des Führerhauptquartiers
„Wolfsschanze“

Jarosław Zarzecki

Die Geschichte des Führerhauptquartiers „Wolfsschanze“

Für Horst-Dieter vom Autor

Kętrzyn 2014

Graphische Gestaltung
Tomasz Zarzecki
e-mail: zarzecki.tomasz@gmail.com

Einkaufen im Internet: jaroslaw.zarzecki@xl.wp.pl

ISBN 978 - 83 - 903940 - 1 - 5

Verlag
Z.P „Gutgraf " Olsztyn
e-mail: gutgraf@gutgraf.pl

Inhaltsverzeichnis

Vorwort

Die Geschichte lehrt im Wesentlichen,
dass die Menschen nicht aus ihr lernen wollen.
G.W.F. Hegel

Bei der folgenden Arbeit handelt es sich um Darstellung der Geschichte des Hauptquartiers Adolf Hitlers „Wolfsschanze" (weiter Führerhauptquartier FHQ - „Wolfsschanze") in Ostpreußen. Mit der Verwendung von zahlreichen geschichtlichen Quellen versuchte ich dieses Thema so bűndig wie mőglich darzustellen.

Die Ausarbeitung ist die erste, die die Geschichte Entminung des Gebietes rund um FHQ „Wolfsschanze" behandelt. Ich versuchte in meiner Abhandlung, die Arbeitsmethoden der polnischen Pioniere und die bei der Liquidierung der Minenfelder verwendete militärische Technik darzustellen. Bei der Einschätzung der durch die Pioniere geleisteten Arbeit verwendete ich den aktuellen Umrechnungskurs. Die Produktionskostet einer Mine (Antipersonalmine) betragen ca. 40 - 80 Euro und die Zerstőrung dieser Landung durch den Pioniersoldaten beträgt bis 1000 Euro. Von 1946 bis 1955 förderten polnische Pioniere über 80 000 verschiedene Minen auf dem Gelände zutage und zerstőrten diese.

Ich glaube, dass einer der größten Erfolge meiner Arbeit die Rekonstruktion eines der zerstörten die Kampfstände „A" – Hitlers Bunker (Lageplan Nr. 13) ist. Nach fast zweijähriger Forschungstätigkeit konnte ich den Bunker im Auf - und Grundriss rekonstruieren. Nach meiner Schätzung betrug das Bunkergewicht űber 60 000 Tonnen.

Das sich aktuell Problem, das den Bau der Objekte im FHQ „Wolfsschanze" betrifft, ist der Attentatsort „Lagebaracke". Nach dem bisherigen Forschungsstand wurde die frühere Holzbaracke 1944 mit Ziegeln verkleidet.

Meiner Meinung nach gab es keine technischen Gründe dafür. Die alte Baracke wurde einfach abgerissen; stattdessen wurde ein neues Ziegelgebäude als Lagebaracke errichtet.

Eines der Kapitel meiner Arbeit widme ich den Ereignissen des 20. Juli 1944. Das von Oberst Claus Philipp Maria Schenk von Stauffenberg verübte Attentat auf A. Hitler war der letzte Versuch zur Rettung des deutschen Staates vor dem völligen Niedergang. Die Zahl der Verfolgten, die an der Verschwörung gegen die Naziherrschaft teilnehmen, erreichte Tausende Bürger, die aus allen sozialen Schichten stammten.

Eingebettet in einem Wald, ist das Gelände der FHQ „Wolfsschanze“ heute ein einziges großes Trümmerfeld von Beton und Stahl. Es erinnert eher an eine Landschaft nach einem Erdbeben, als an ein ehemaliges Hitlerquartier. Heute ist das Objekt eine touristische Sehenswürdigkeit.

Meine Arbeit habe ich in thematische Kapitel gegliedert. Im Schlussteil befindet sich der Besichtigungsplan der Ruinen von „Wolfsschanze“.

Bild 1. *Die Ruinen des Bunkers in dem Parkplatz. Objekt „M“- der Beginn der Touristenroute.*

Bild 2. *Die Baracke, Reichssicherheitsdienst-RSD, jetzt das Restaurant und Hotel.*

Einleitung

1935 führte Adolf Hitler die Wehrpflicht ein. Gleichzeitig berief er anstelle der alten „Reichswehr“ die neue Streitkraft „Wehrmacht“. Als Oberbefehlshaber der deutschen Armee nahm Hitler den Titel „Führer“ an. Die Stärkung der Armee im Deutschen Reich gab einer schnellen Revision der Beschlüsse des Versailler Vertrages den Anfang. Sie bedeutete das Ende des Friedens und sogleich den Beginn des Krieges in Europa.

Während der Kriegshandlungen in Europa zwischen 1939 und 1945 besaß Hitler mit dem „Oberkommando der Wehrmacht“ - OKW. 14 (3 in der Baustelle) - Hauptquartiere die so genannten Führerhauptquartiere- –FHQ. Außerdem nutzte er einen mobilen Kommandostandort, der in einem Sonderzug eingerichtet wurde. Als 1944/1945 die militärische Niederlage des Dritten Reiches eine Frage der Zeit wurde, begann man mit dem Bau von Quartieren anderen Typs, die noch gut erhalten sind, ist die „Anlage Mitte“ in Konewka in der Nähe von Lodsch (Łódź).

***Bild 3.** Offizierskasino im FHQ, Juli 1941. Der Rote Stern, das Emblem der Roten Armee, war Symbol des Sieges der Wehrmacht über die UdSSR.*

Nach der Niederlage Frankreichs und nach dem gescheiterten Krieg gegen England wurde die deutsche Truppen nach Osten verlegt. Der Krieg mit Sowjetunion war unvermeidlich. Die strategischen Angriffspläne wurde in der Direktive 21 unter dem Decknamen „Barbarossa“ erfasst. Als Hauptquartier-Befehlsstandort für die Wehrmacht im Krieg gegen die Sowjetunion-wurde für Hitler der Stadtwald bei Rastenburg (dem heutigen Kętrzyn) gewählt.

Das neue Quartier wurde „Wolfsschanze“ genannt. Das Pseudonym „Wolf“ benutzt Hitler als Soldat während des ersten Weltkrieges.

EHEMALIGE FÜHRERHAUPTQUARTIERE IN EUROPA IN DEN JAHREN 1940-1945

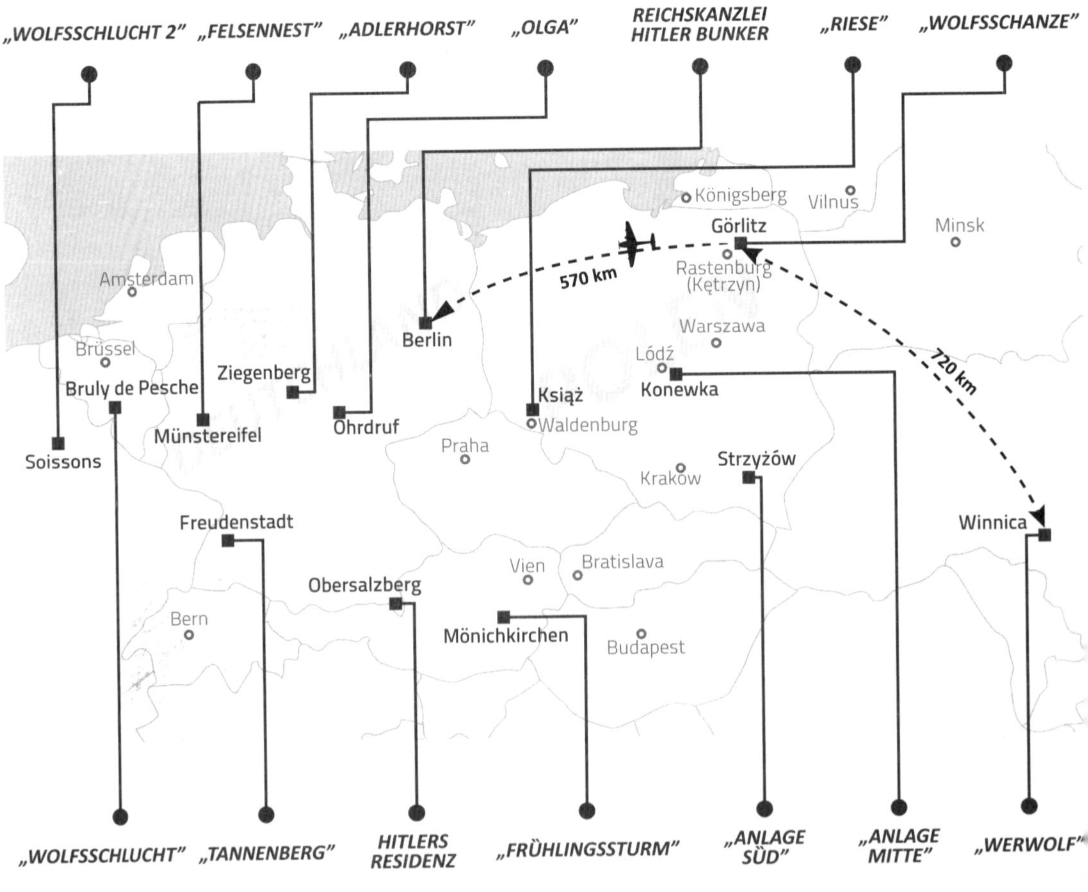

Lokalisierung des FHQ „Wolfsschanze“ in Ostpreußen

Im Juni 1940 erhielt das Oberkommando des Heeres den Befehl A. Hitlers zur Vorbereitung der strategischen Grundkonzeption eines Angriffs auf die Sowjetunion. Befehlsstelle an Bedeutung. Der Führer schlug Ostpreußen vor, das an die Sowjetunion im Osten grenzte. Die entscheidende Stimme bei der Auswahl des Standortes hatte der vertraute Bauingenieur, Generalinspektor für das deutsche Straßenwesen, ab 1940 Reichsminister für Bewaffnung und Munition, Dr. F. Todt.

Bild 4. *Das Kurhaus im Sommer, Erholungsort für Einwohner.*

Lokalisierung des FHQ "Wolfsschanze" in Ostpreußen (Kreis Rastenbu

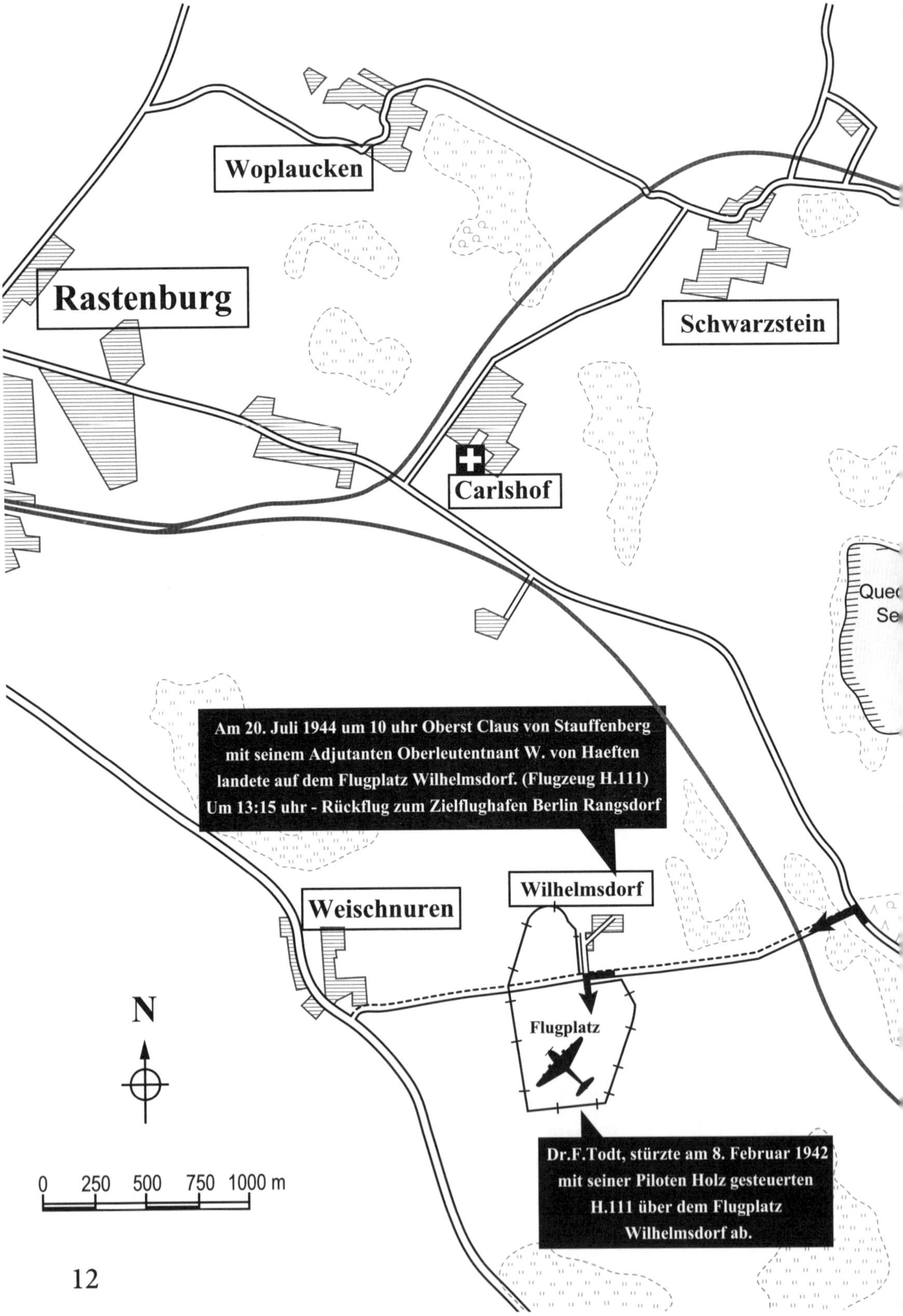

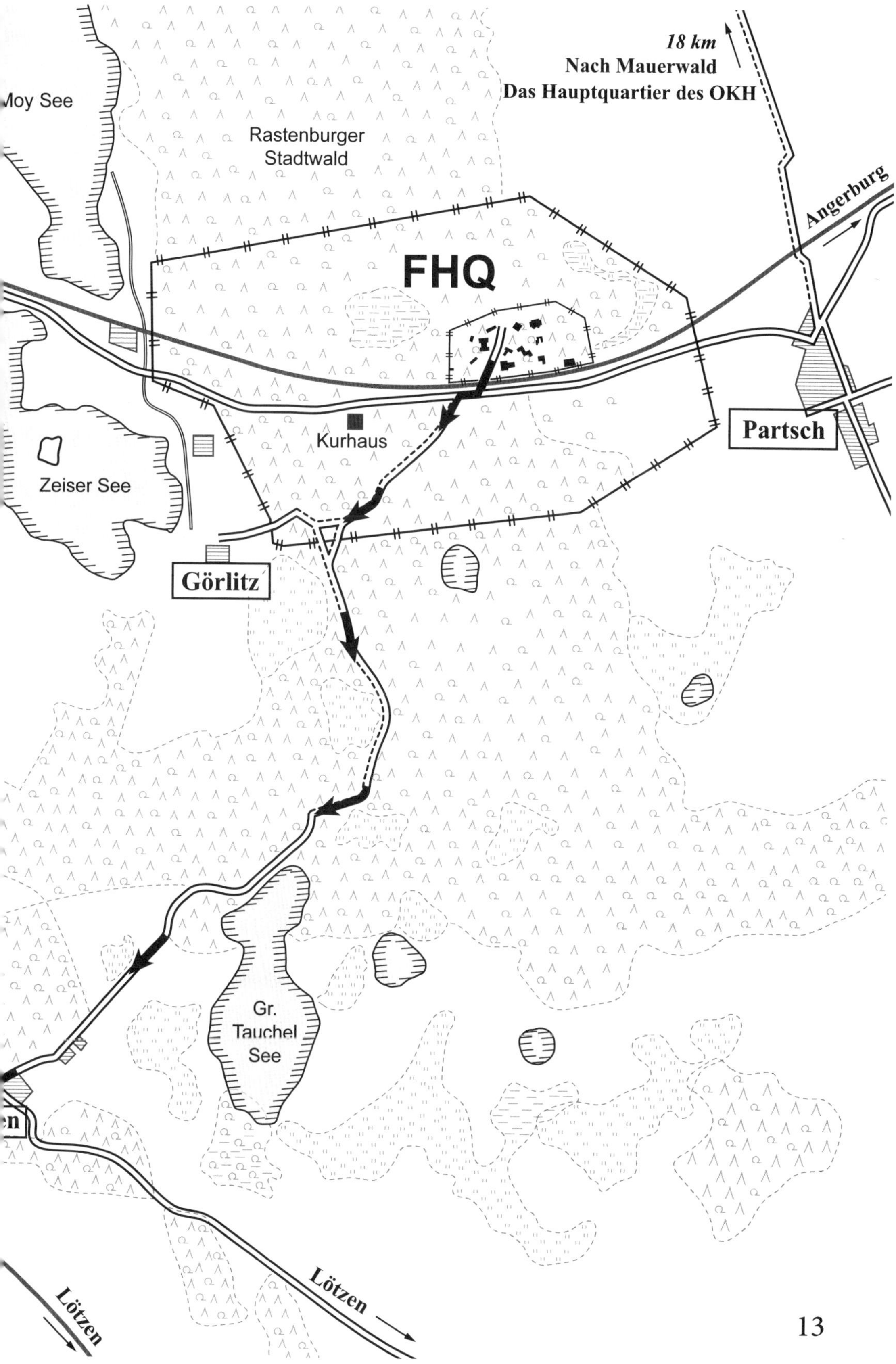
18 km
Nach Mauerwald
Das Hauptquartier des OKH
Moy See
Rastenburger
Stadtwald
Angerburg
FHQ
Kurhaus
Partsch
Zeiser See
Görlitz
Gr.
Tauchel
See
Lötzen
Lötzen

Für das FHQ „Wolfsschanze“ wurde der Waldkomplex in der Nähe der kleinen Siedlung Forst Görlitz (Gierłoż) ausgewählt, die 7km östlich von Rastenburg (Kętrzyn) gelegen ist. Das Gebiet bestand aus Mischwäldern, vorwiegend Kieferwäldern; einen großen Teil davon bildeten Sümpfe.
Die Grundstücke wurden von Privatbesitzern und der Stadtverwaltung abgekauft. Am Waldrand sind zwei malerische Seen gelegen. Nicht weit davon stand ein Kurhaus. Gerade hier erholte sich einst Dr. F. Todt.

Den komfortablen Transport sichere die 1907 gebaute Eisenbahnlinie, die Rastenburg und Angerburg (Węgorzewo) verband. Der Flugplatz bei Rastenburg wurde für Zwecke des FHQ „Wolfsschanze“ modernisiert.

***Bild** 5. Der Führer auf dem Bahnhof - Görlitz.*

***Bild** 6. Der Bahnhof. Sommer 2013.*

Begriff und Struktur des Führerhauptquartiers

Während der Feldzüge der deutschen Wehrmacht in der Zeit von 1939 bis 1945 wurden vorverlagerte Befehlsstellen des OKW als „FHQ--Führerhauptquartiere“ bezeichnet. Unter dem Begriff FHQ sollten nicht nur bestimmte Strukturen des Oberkommandos der Wehrmacht (OKW) verstanden werden, aber auch Teil des Staates weit von Berlin ermöglichte. Den Bedürfnissen entsprechend waren es mobile oder immobile Befehlsstände („Sonderzüge“).

Bild 7. *Die Mitarbeiter Hitlers:* ***von links****: W. Brückner (Adjutant), O. Dietrich, W. Keitel, A. Jodl, M. Bormann, N. v. Below, H. Hoffmann;* ***in der Mitte:*** *K. Bodenschatz, R. Schmundt, K. Wolff, Prof. T. Morell;* ***in der letzte Reihe:*** *G. Engel. Prof. K. Brandt, J. K. Puttkamer, H. Lorenz (DNB), W. Hewel, J. Schaub, O. Gűnsche.*

Bild 8. Chef des OKW Gen. Feldmarschall W. Keitel im Gespräch mit dem Führer. Sommer 1941.

Schon 1939 während des Polenfeldkrieges fand die Einteilung der Bewohner des FHQ in zwei Gruppen. Zur ersten Gruppe gehörten die engsten Mitarbeiter Hitlers: Militärberater, Adjutanten, Verbindungsoffiziere der drei Arten von Truppen, der Chef des OKW und der persönliche Sekretär. Später wohnten der Chef des Wehrmachtsführungsstabes - WFSt sowie die Chefs von Polizei und SS Gruppe bei. Zur zweiten Gruppe gehörten übrige hohe Offiziere des OKW und die Zivilbeamte.

Die erste Gruppe kann man in Zivile und Militär einteilen. Zur militärischen Umgebung des Führers in der FHQ „Wolfsschanze" gehörten vier Adjutanten – Verbindungsoffiziere: Oberst G. Engel, Heer; Oberst N. v. Below; Luftwaffe; Konteradmiral K.J. v. Puttkamer, Kriegsmarine. Außerdem wurde 1942 die neue Stelle des Verbindungsoffiziers Waffen SS bei Hitler eingerichtet.

Alle Offiziere wurden dem Chef Adjutanten General R. Schmundt unterstellt, der gleichzeitig Chef Heerespersonalamtes war. 1942 wurde die Stelle des Obersten Historiografen der Wehrmacht eingerichtet, diese Stelle nahm Generalmajor W. Scherff ein. Am ranghöchsten waren: Chef des Generalfeldmarschall W. Keitel und der Chef Wehrmachtsführungsstabs Generaloberst A. Jodl.

***Bild 9.** Hitlers Rückkehr von der gelungenen Inspektion der Heeresgruppe „Nord". Begrüßt Gen. W. Warlimont auf dem Bahnhof in „Wolfsschanze". April 1942.*

Die dominante Rolle in der Umgebung Hitlers spielte sein persönlicher Sekretär Reichsleiter M. Bormann. Zum Verwaltungspolitischen Apparat rechnete ich folgende SS - Angehöringen hinzu: F. Schädle, SS - Strumbannführer - Chef des Führerbegleitkommandos, J. Rattenhuber, SS - Strumbannführer und Polizeigeneral, Chef des Reichssicherheitsdienstes (RSD), E. Kempka, SS - Brigadeführer, Chef des Kraftfahrzeugparks Hitlers und Fahrer, F. Bur, SS - Gruppenführer, Kommandeur des Luftwaffenkommandos des Führers. Zur nächste Umgebung Hitlers gehörten auch Sekretärinnen: J. Wolff, Ch. Schröder, G. Christian geb. Daranowski, T. Junge geb. Humbs.

Für die medizinische Betreuung waren folgende Professoren verantwortlich: K. Brandt, Hanskarl v. Hasselbach, T. Morell. Für die zahnärztliche Betreuung war H. Blaschke zuständig.

Zu beliebten Gäste in der FHQ „Wolfsschanze" gehörten Reichsführer - SS H. Himmler, Reichsmarschall H. Gőring, Dr. J. Goebbels, General K. Zeitzler, Dr. H. Lammers, Dr. F. Todt und A. Speer, die für Bauwesen und Waffenherstellung des Dritten Reiches verantwortlich waren.

Bild 10. *General R. Schmundt im Gespräch mit Hitler. April 1942.*

***Bild 11.** Geburtstag Hitlers 20. April 1942. Im Profil Prof. T. Morell (Leibarzt), neben H. Lammers (Jurist Minister).*

***Bild 12.** Am Schreibtisch sitzend, W. Hewels (Diplomat) Arbeitszimmer. FHQ, Juni 1941.*

Die Struktur des FHQ „Wolf

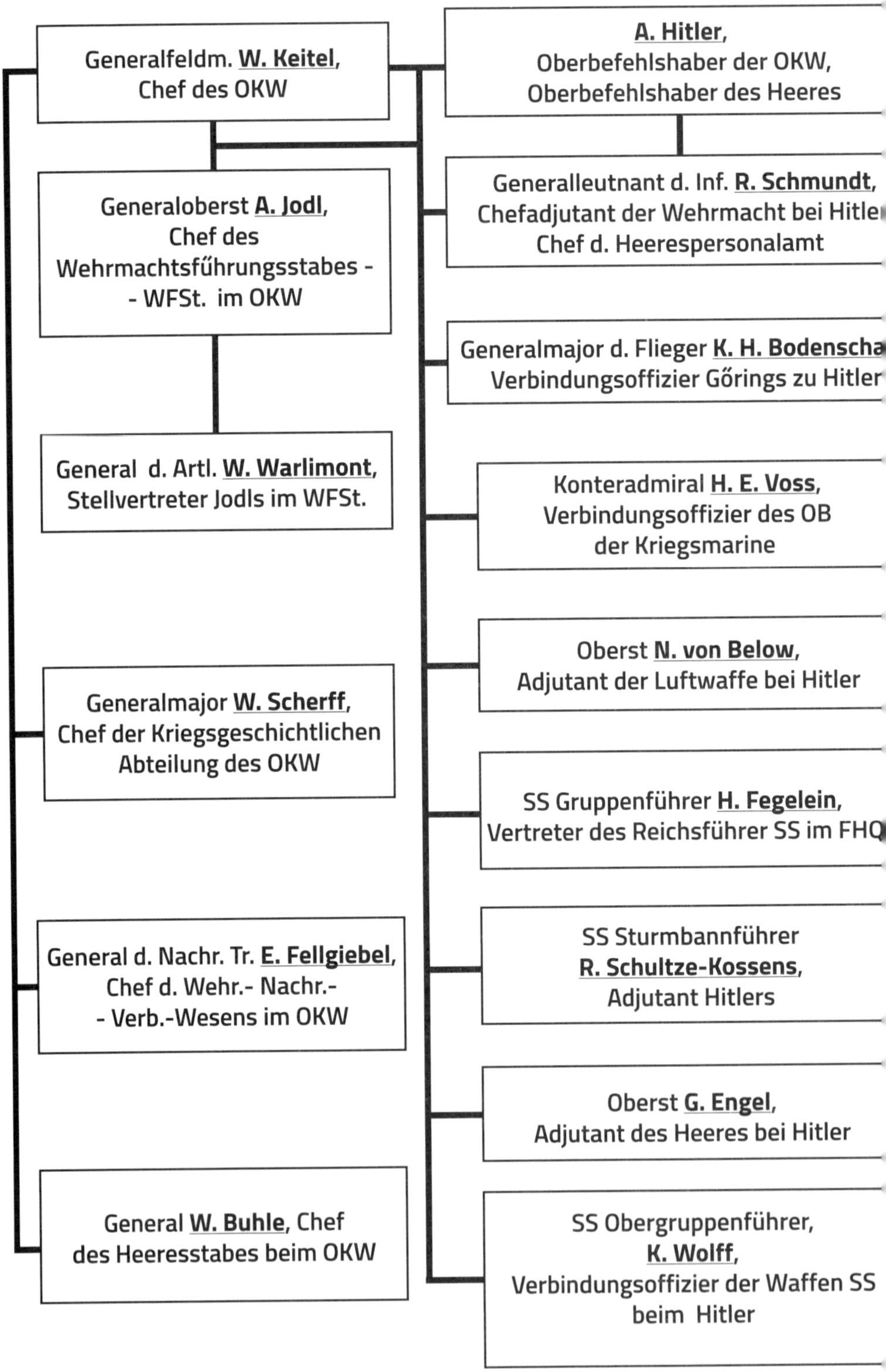

nze“ (der Zustand von 1943)

M. Bormann,
Leiter der Parteikanzlei,
Sekretär des Führers

Hitlers Sekretärinnen
J. Wolf, **G. Christan**,
Ch. Schröder, **G. Junge**

Die persönliche Sicherheit des Führers
Die Sicherheitsdienst des Quartiers

Führers Leibärzte,
Professoren:
T. Morell, **K. Brandt**,
H. K. Hasselbach;
Dentist **H. Blaschke**

Oberstleutnant **G. Streve**,
Der Kommandant des FHQ

H. Sündermann,
Stellvertreter
Reichspressechef

SS Gruppenführer **J. Rattenhuber**,
Der Kommandant d. RSD
(Reichssicherheitsdienst)

W. Hewel, Vertreter des
Reichsaußenministers
beim Führer,
Botschafter zur
besonderen Verwendung

SS Sturmbannführer **F. Schädle**,
Der Kommandant des
Führerbegleitkommandos

SS Sturmbannführer **P. Högl**,
SS Sturmbannführer
Der Kriminalkommissar,
Stellv. Chef RSD

Dr. **O. Dietrich**,
Reichspressechef

SS Gruppenführer **J. Schaub**,
Chefadjutant bei Hitler

H. Lorenz,
Hitlers Pressesekretär
im FHQ

SS Hauptsturmführer **O. Günsche**,
Persönlicher Adjutant des Führers

H. Hoffmann,
Hitlers Leibfotograf

Bild 13. *FHQ im September 1943. Von der linken Seite; Admiral K. J. v. Puttkamer, Gen. R. Schmundt, Obergruppenführer- SS J. Schaub, Oberst N. v. Below.*

Bild 14, 15. *Die Sekretärinnen Hitlers G. Daranawsky (links) und Ch. Schröder. Eva Braun war nie im FHQ „Wolfsschanze".*

Bild 16. *FHQ im April 1942. Im Profil; Gen. Oberst A. Jodl , Gen. Feldmarschall W. Keitel (auf dem Holztisch sitzend) und Gen. Oberst F. Halder.*

Der Bau der „Wolfsschanze"

Mit den Bauarbeiten des Feldquartiers des OKW unter dem Decknamen „Wolfsschanze" wurde im frühen Herbst 1940 begonnen. In diesem Jahr wurden Waldteile bei der Siedlung Görlitz von der zivilen Nutzung ausgeschlossen unter dem Vorwand des Baus Chemischer Werke „Askania".

Die Hauptbauarbeiten wurden durch die Organisation Todt - OT durchgeführt, die vom Generalinspektor für Straßenverkehr im Dritte Reich, Dr. Ing. F. Todt, gegründet wurde. Die OT wurde für den Bau der Schnellverkehrstrassen berühmt. Dr. Ing. F. Todt bekam den Beinamen „Autobahnkönig".

Bild 17. *FHQ im Juli 1941. Dr. Ing. F. Todt (links).*

Bild 18. *Eine Baracke, Bauleitung Organisation Todt, Baustelle –FHQ "Wolfsschanze"*

Bild 19. *Hitler im Gespräch mit Arbeitern der OT. FHQ im August 1944.*

LAGEPLAN FHQ „WOLFSSCHANZE“ 1940

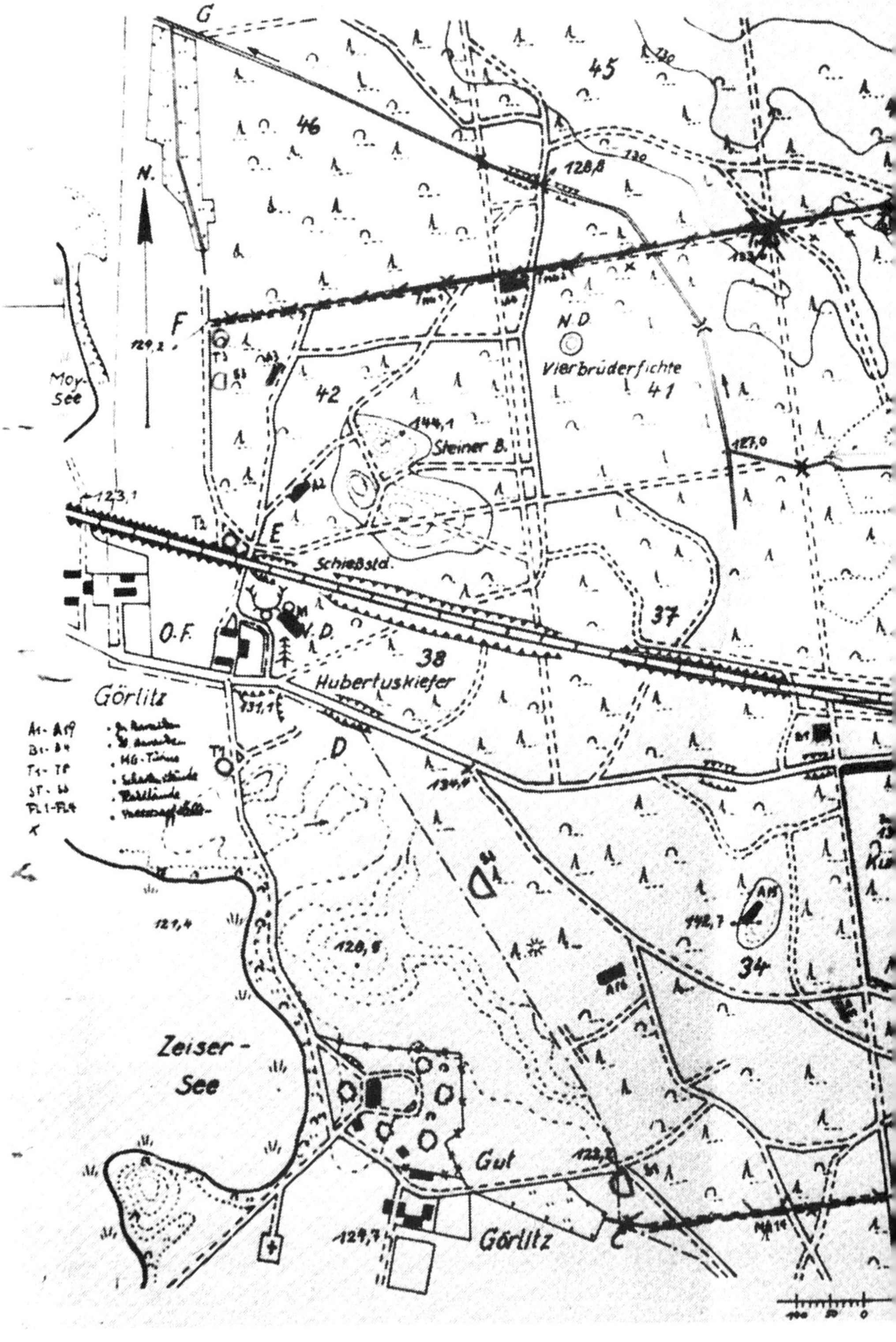

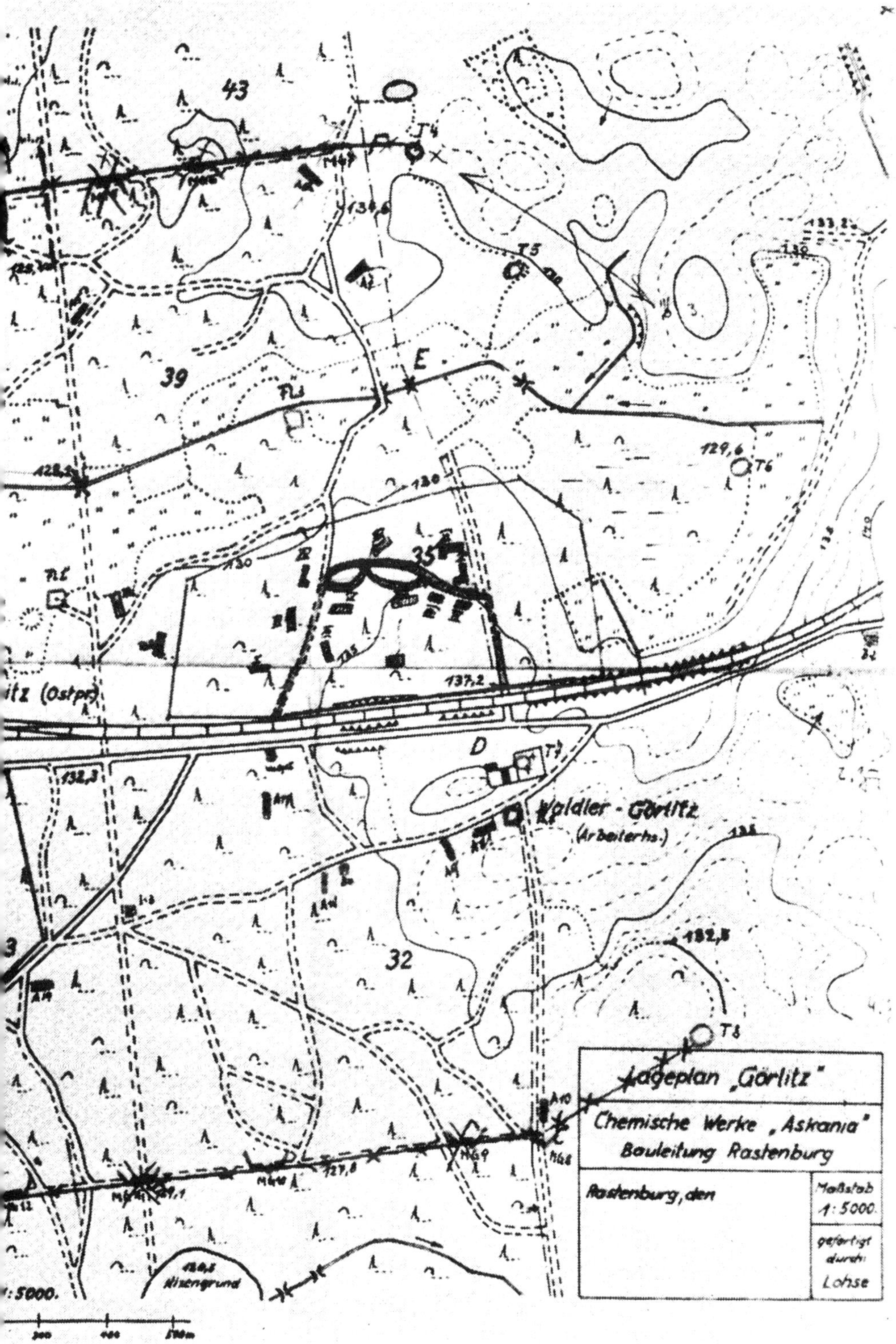

Lageplan „Görlitz"
Chemische Werke „Askania"
Bauleitung Rastenburg
Rastenburg, den
Maßstab
1:5000.
gefertigt
durch:
Lohse
Waldler - Görlitz
(Arbeiterhs.)
itz (Ostpr.)
43
39
35
32
:5000.

Bild 20. *Der Bauplatz. Aufbau der Grundlagen des Bunkers.*

Das Quartier „Wolfsschanze“ wurde in der Jahren 1940 bis 1944 auf einem Gelände gebaut, dessen Fläche 250 ha betrug. Alle Bauarbeiten wurden mit Hilfe von Maschinen durchgeführt. Die Baumaterialien wurden mit der Eisenbahn bis zu allen Baustelleorten.

Die Arbeiter wurden in Baracken in der Nähe der Zuckerfabrik (Rastenburg) einquartiert. Zur Arbeitsstelle wurden sie entweder mit dem Bus oder mit der Bahn gefahren.

Bild 21. *Die Arbeiter OT aus Rastenburg mit dem Bus gefahren.*

Schätzungsweise waren auf dem Gebiet der „Wolfsschanze" im Zeitraum von vier Jahren 28 000 Bauarbeiter beschäftig. Die Aufträge für den Bau der einzelnen Objekte bekamen nach einer Ausschreibung die größten deutschen Baufirmen: Wayss & Freitag, Dyckerhoff & Wiedmann, Hoyer GmbH, Ackermann, Hoh und Tiefbau, Holzmann. Kleine Bauarbeiten wurden durch örtliche Bauunternehmen aus Rastenburg und Lötzen (Giżycko) durchgeführt.

Generalplaner der „Wolfsschanze" war ein vertäuter Architekt F. Todts, der Chefbaumeister für Sonderbauvorhabens OT in Berlin Ing. Siegfried Schmelcher. Binnen vier Jahren entstanden 200 Objekte: Luftschutzräume, Unterstände, Stahlbeton-sowie Ziegelbaracken und andere Objekte.

Die auf dem Gelände der „Wolfsschanze" durchgeführten Bauarbeiten kann man in zwei Bauphasen einteilen. Die erste Etappe fällt in die Jahren 1940 bis 1942. In der Zeit wurden die Objekte errichtet, die unentbehrlich für die dort Arbeitenden waren: Hotels, Kasinos, Stab und Wohnbaracken, Lager, Wasserfassungen und Verkehrsnetz. Nach den strategischen Prognosen Hitlers hätte der Jahresbeginn 1942 die bedingungslose Kapitulation der Sowjetunion markieren sollen und er selber hätte nach Berlin zurückkehren sollen. Die militärische Niederlage der Wehrmacht bei Moskau im Winter 1941 verursachte aber den längeren Aufenthalt Hitlers in der „Wolfsschanze".

***Bild 22.** Feldbahn Lokomotive „Schőma" für den Transport von Baustoffen.*

Bild 23. *Nach dem tragischen Todt F. Todts wurde A. Speer Leiter der Organisation Todt (auf dem Bild neben Hitler).*

In den Jahren 1943 bis 1944 erfolgten der intensive Aufbau von neuen Objekten und der Umbau von schon existierenden Schutzbunkern. Der Umbau bestand aus der Auflegung von neuen Stahlbetonschutzmänteln auf die schon existierenden Bunker. Die Wände wurden von 3 auf 6m und die Decke von 3,5 auf 6 bis 8m verstärkt. Die meisten Bauarbeiten wurden aber nicht fertiggestellt, weil Hitler im November 1944 die „Wolfsschanze" verließ.

Im Hinblick auf die Ausstattung mit Militärgerät und auf die Widerstandsklasse bei Bombardements klassifizierte ich das FHQ folgendermaßen: Die Kampfstände der Widerstandsfähigkeit „A" bestanden aus zwei Stahlbetonschichten (zusammen 7,2 m), die durch eine Basaltschicht (80cm) voneinander getrennt wurden. Außerdem wurden die Decken durch eine Trägerschicht (30cm) und Antiabsplitterungsblech verstärkt.

Bild 24. *Der Unterstand der Widerstandsfähigkeit „A" (Nachrichtenbunker). Sommer 1944.*

Der Bunker „A" hielt mehrmaligen Treffen von 42 cm Geschossen, mehrmaligen Treffen von 1000-Funt –Bomben (467kg) oder amerikanischen Bomben vom Typ AN-M 56 mit Gewicht von 1800kg stand. Die Feuermittel der Kampfbunker, die Gefechtstationen MG 34 (Kaliber 7,92 x 57mm, praktische Schnellfeuerkraft bis 900 Schüsse pro Minute) wurden in die Stahlbetonkuppel gesetzt, die über die Decke hinausragte.

Die MG 34 und die 2 cm Flakvierlig 38 Geschütze (Schnellfeurkraft 1800 Schüsse pro Minute, Schussweite 3500m, Gewicht 1680kg) führten den Effektiven Abschuss auf eine Entfernung von 2200m und sie wurden auf dem Schießgestell zur Fliegerabwehr eingebaut (siehe Besichtigungsplan Nr. 13,16,26).

Bild 25. *Der Kampfstand der Widerstandsfähigkeit „A" (Allgemeinerbunker). Die Sanitär, CO, Nachrichten-Kabel verbinden. FHQ im Mai 1944.*

LAGEPLAN FHQ „WOLFSSCHANZE“ 1943

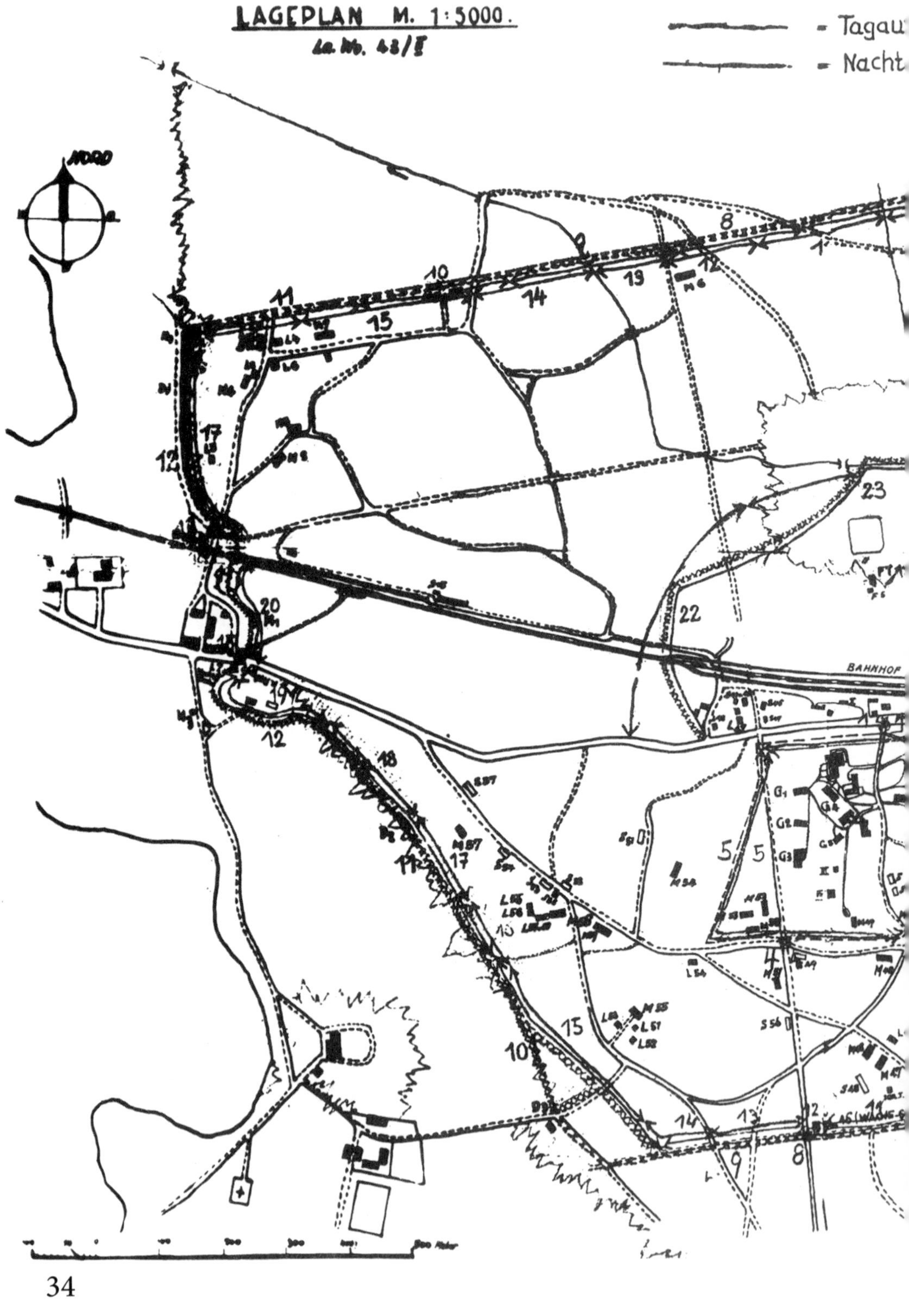

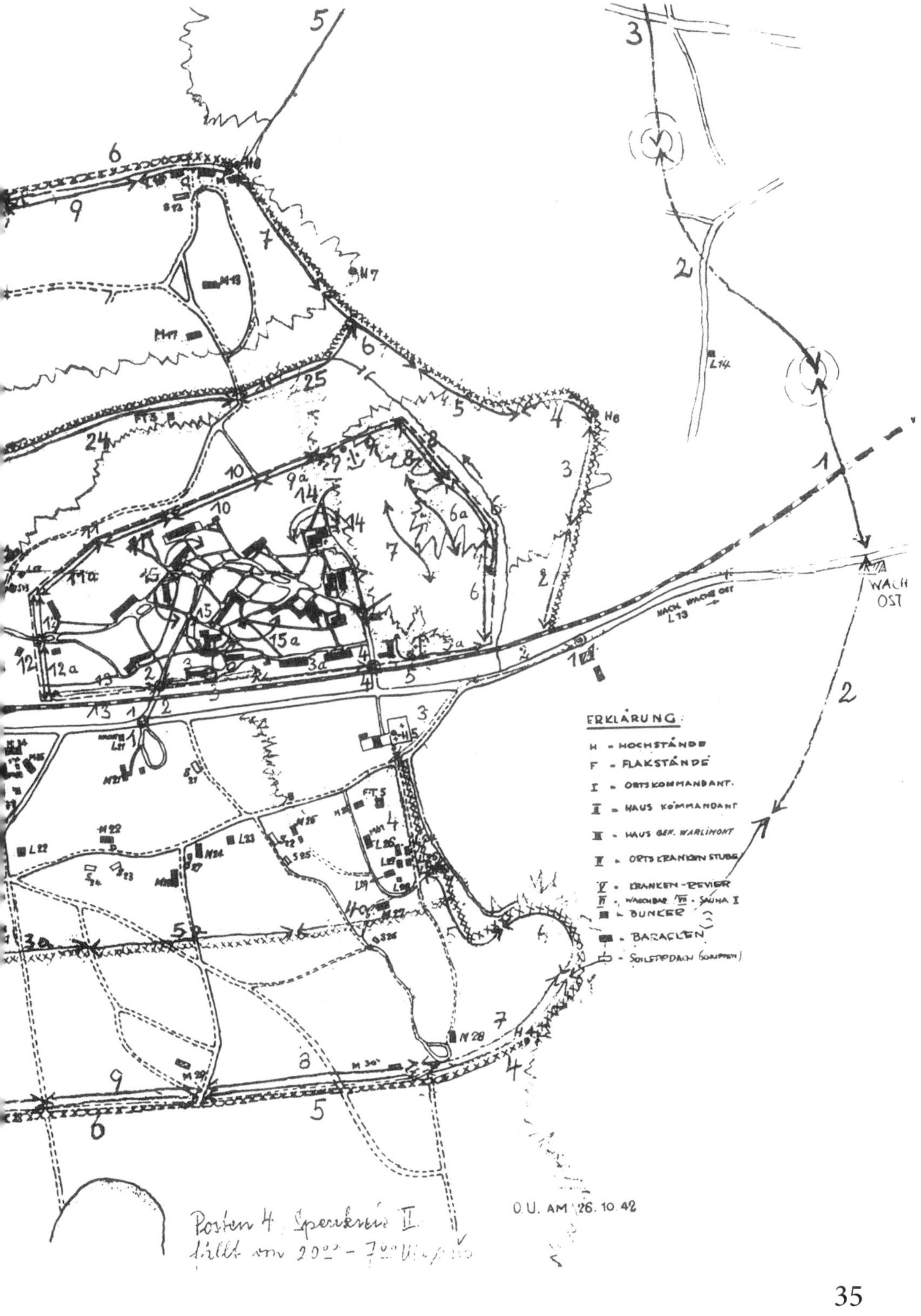
ERKLÄRUNG:
H - HOCHSTÄNDE
F - FLAKSTÄNDE
I - ORTSKOMMANDANT.
II - HAUS KOMMANDANT
III - HAUS GEN. WARLIMONT
IV - ORTSKRANKENSTUBE
V - KRANKEN-REVIER
VI - WASCHBAR. VII - SAUNA I
BUNKER
BARACKEN
WACH OST
O.U. AM 26. 10. 42
Posten 4 Sperrkreis II

Bild 26. *Der Kampfstand „A“- Hitlers Bunker.*

Y1. Baracke im ersten Stock: Küche, Badezimmer, Hitlererholungszimmer, Wirtschaftskammer.
Y2. Baracke im ersten Stock: Konferenzraum, Adjutantur Zimmer.
A. Betonschutz, Eingang.
B. MG-Stellung.
C. Regenrohr.
D. Rauchkamin.
E. Belűftungsschächte.

Y2
B
A
E
A
F

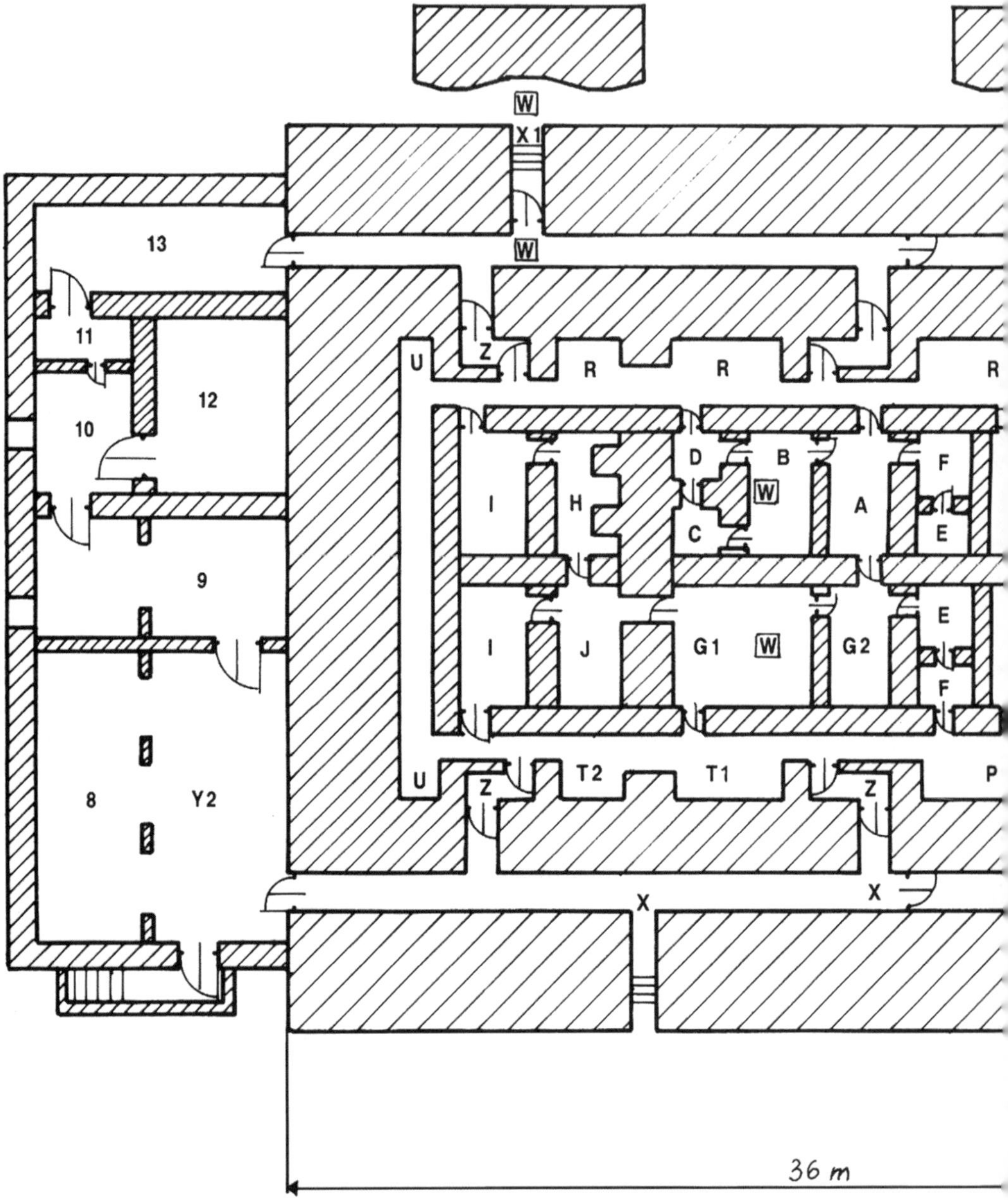

A. Hitlers Arbeitszimmer
B. Schlafzimmer
C. Begleitkommando, Diener
D. Garderobe
E. Toilette
F. Badezimmer
G-1. Beratungsraum
G-2. Kleiner Beratungsraum
H. Bedienungspersonal der Ch-Maschinen
I. Führer-Begleit-Kommando
J. Sekretärinnen
K. Speiseraum
L. Küche
M. Arzt, Prof. T. Morell
N. Adjutanten
O. Oberbefehlshaber der OKW, Gen. Feldmarschall W. Keitel
P. Wirtschaftsraum
R. Wachmannschaften

Parterregrundriss Luftschutzbunker

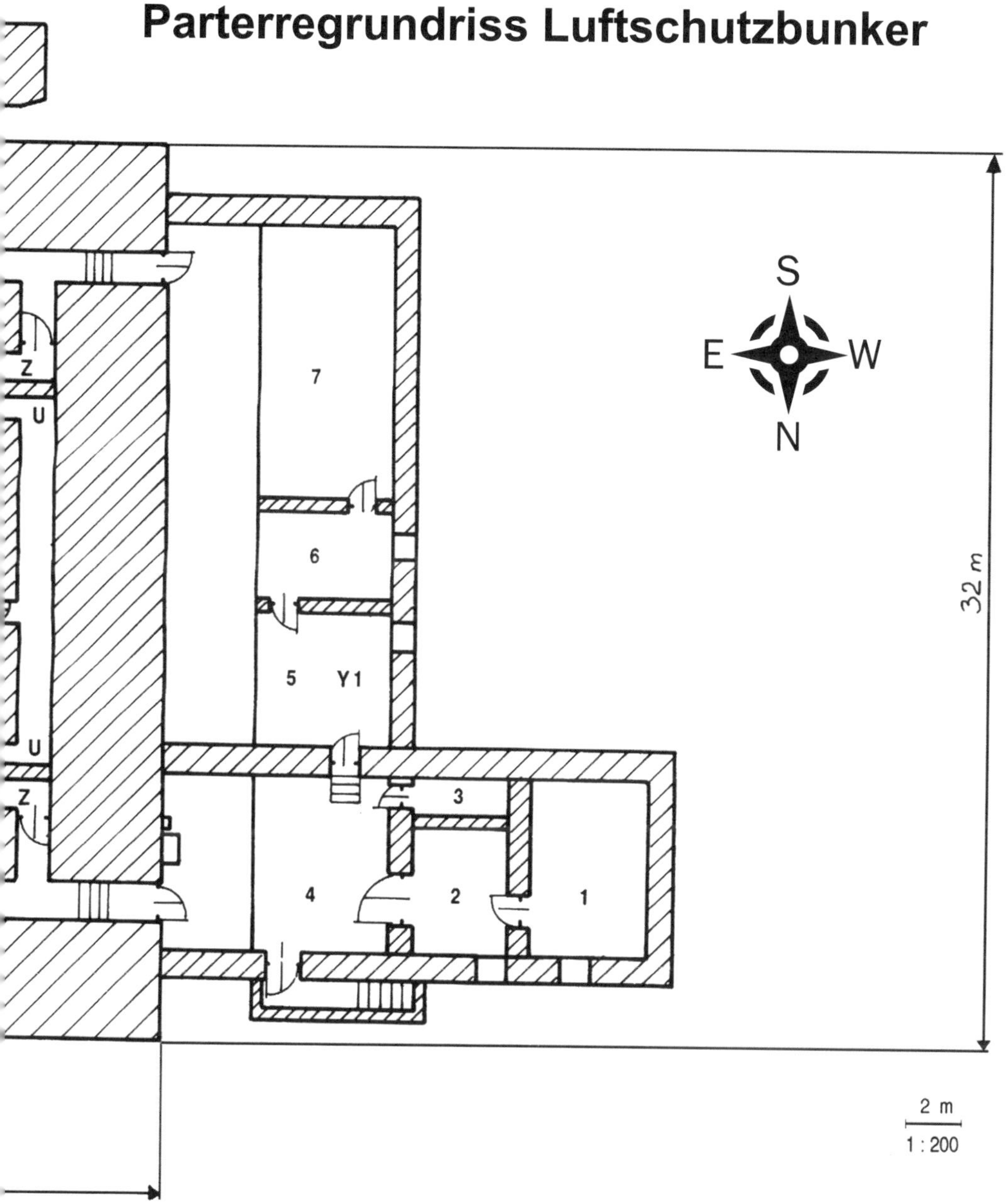

S. Lebensmittelmagazin
T-1. Fernschreibvermittlung
T-2. Fernsprechvermittlung
U. Feuerlöschgerät
W. Unternotausgang
Z. Wache, Luftschleuse
X. Haupteingang
1. Pumpwerk
2. Stromaggregat
3. Schaltanlage
4. Ölbehälter
5. Heizkeller
6. Magazin, Kohlenstoff, Holtz
7. Technikermannschaft
8. Mannschaftsraum
9. Unteroffiziersraum
10. Stromaggregate
11. Schaltanlage
12. Luftfiltergerät
13. Werkzeugmacherei

Aufriss Luftschutzbunker Hitlers A-A

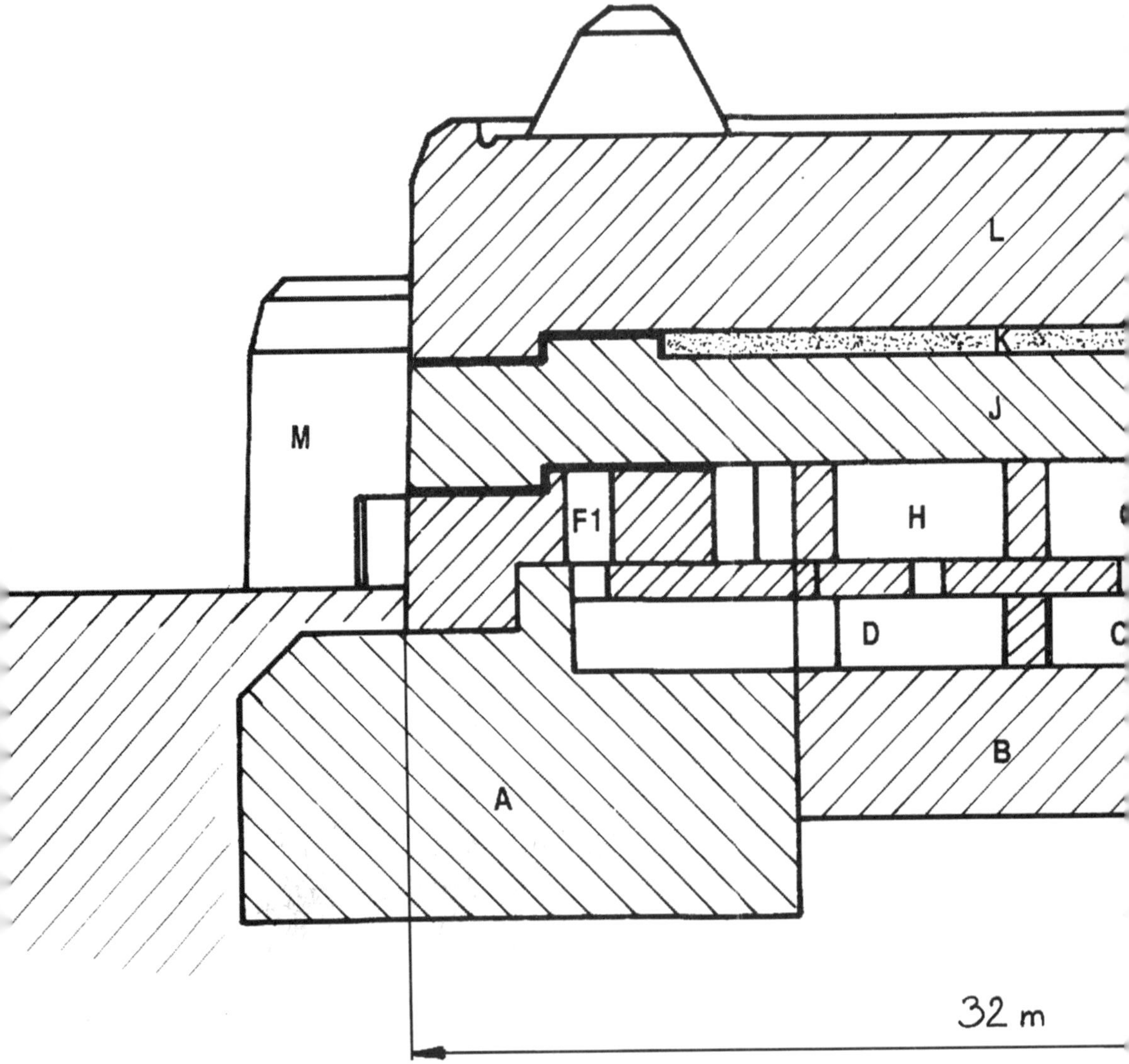

A. Fundament des Neuen Luftschutzbunkers
B. Fundament, Alter Luftschutzbunkers
C. Wasserbecken
D. Stromaggregat, Batterieraum
E. Ruhrkanal Zentral - Heizung
F. Korridor, Personaleingang X
F1. Korridor, Haupteingang X1

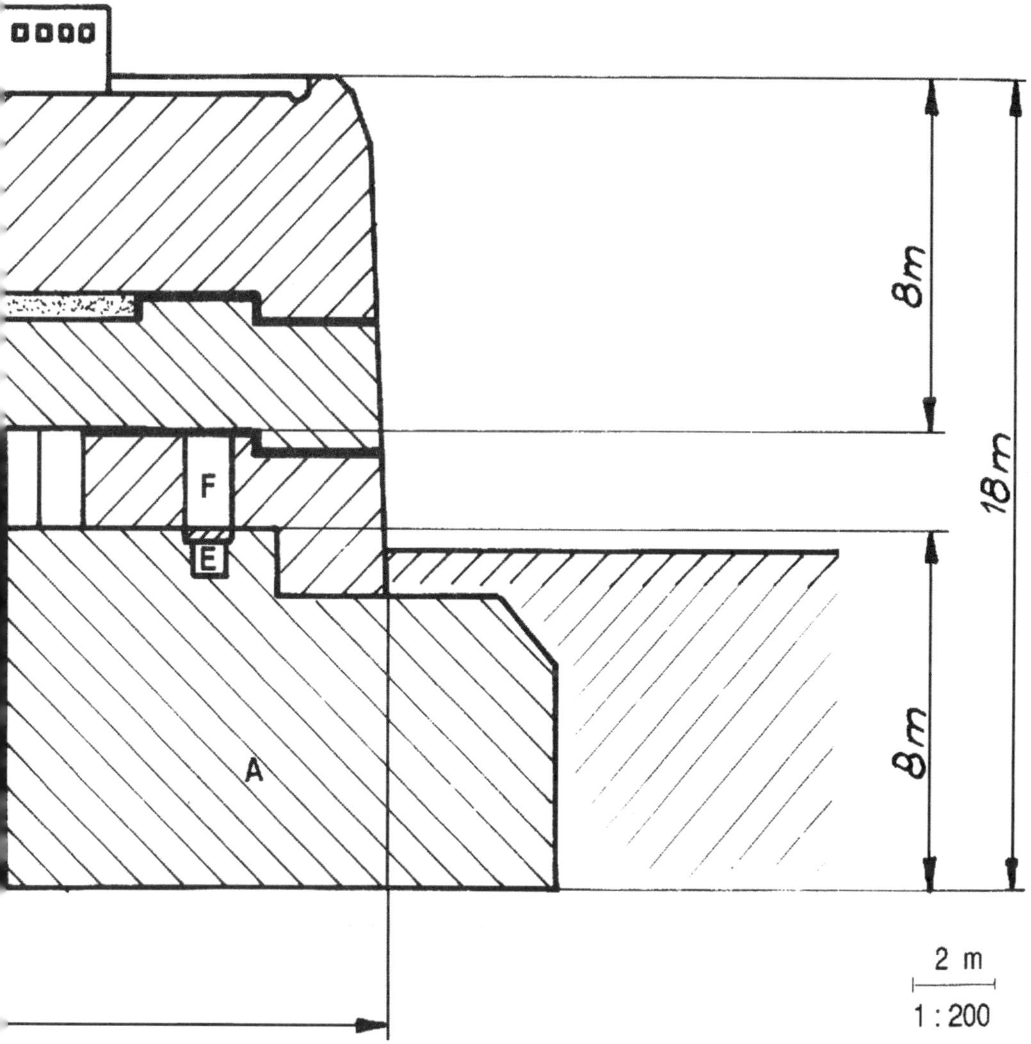

G. Hitlers Schlafzimmer
H. Beratungsraum
J. Betondecke, Alter Luftschutzraum
K. Diletation mit Schotterbasalt
L. Betondecke, Neuer Luftschutzraum
M. Betonschutz, Eingang

***Bild 27.** Der Unterstand „A" (Gästebunker). Herbst 1998.*

***Bild 28.** Der Unterstand „B" (Führer-Flack-Abteilung).*

***Bild 29.** Der Unterstand „B" (Keitels Bunker).*

Unterstände mit Widerstandsfähigkeit der Klasse „B“: (2m Stahlbeton Widerstandsfähigkeit gegen mehrmalige Treffer mit Geschossen vom Kaliber 22cm), zusätzlich verstärkt mit Trägerdecke und Antiabsplitterungsblech (siehe Besichtigungsplan Nr. 19,12, T).

Gebäude mit Widerstandsfähigkeit „C“ und „C-1“, wo die Schutzschichtstärke 0,5 bis 1,2 m betrug. Der Stahlbeton schützte vor 7,5 cm Zerstörungsgeschossen oder 3,7 cm Panzerabwehrgeschossen. Gebäude dieser Art wurden in die Karte eingetragen (siehe Besichtigungsplan Nr. 7, 18, 17, 14, 27, 28, 29) als Stahlbetonbaracken der Backsteinkonstruktion mit Decken aus Stahlsaitbetonbalken. Das waren ein oder zweigeschossige Gebäude mit Fenstern, die mit ein oder zweiflügeligen Fensterläden aus 3 cm dickem Antisplitterblech geschlossen wurden.

Bild 30. *Der Unterstand der Klasse "B“ einen 5 Meter „Stahlbetonmatel“ erhalten. Das gleiche der Unterstand der Klasse „A“ werden. FHQ im Marz 1944.*

Bild 31. *Der Unterstand der Widerstandsfähigkeit „B“ (Deckenstärke 2 m).*

Bild 32. *Die typische Betonbaracke der Widerstandsfähigkeit „C“ (Deckenstärke bis 1m) in der FHQ „Wolfsschanze“. Sie wurde zu einem Mannschaftsbaracke bestimmt.*

Bild 33. *Typische Holzbaracke, bestimmt zum Führer-Begleit- Bataillon Unterkünfte.*

Bild 34. *FHQ „Wolfsschanze" im Bau- III Sperrkreis. Im April 1944.*

Bild 35. *Die Betonbaracke „C" (Verbindungsstab Oberkommando der Luftwaffe). Bild 1998.*

Bild 36. *Die Grundlagen für einen neuen Bunker bauen. In den Tiefen des „alten" Baracke mit neuen Dach – Stahl-Betonträgerbalken. Nachrichtenbaracke. FHQ „Wolfsschanze". Sommer 1944.*

Bild 37. *Das Gebäude der Klasse „C". Der stenographische Dienst. Bild 1998.*

In der ersten Bauphase des FHQ ‚Wolfsschanze“ vom September 1940 bis März 1943 wurde die ganze technische Infrastruktur, Wasserleitungen und das Klärwerk errichtet, das Gelände wurde an die Wasserversorgung angeschlossen, Brunnen wurden ausgegraben, Asphalt und Kopfsteinstraßen wurden gebaut und das Bahnhofsgelände erweitert.

In der zweiten Bauphase von März 1943 bis November 1944 wurde die Widerstandsfähigkeit von schon bestehenden Bunkern vergrößert, z. B. wurde der Hitlerbunker mit einem neuen Mantel aus Stahlbeton umgeben. Auf diese Weise wurde die Deckenstärke von 3,20m (Typ „A-1“) auf bis zu 8m vergrößert. Auch neue Kampfstände vom Typ „A“ und andere Objekte vom Typ „C“ und „C-1“, die verschiedene Funktionen hatten wurden gebaut.

Die Zweite Bauphase des FHQ „Wolfsschanze“ charakterisierte nicht nur die große Zahl der errichteten Objekte, aber auch ihr großen Ausmaße, z.B. der Bunker Typ „A“ wog 60 000 Tonnen! In dieser Zeit wurde die größte Menge an Baumaterialien und Arbeitskräften verwendet.

Bild 38. *Der Kampfstand der Klasse „A“ (Allgemeiner Luftschutzbunker). Herbst 1944.*

Bild 39. *Der Unterstand der Klasse „A". Nachrichtenluftschutzbunker. Herbst 1998.*

Wenn man annimmt, dass die durchschnittlichen Baukosteten eines Kampfstandes vom Typ „A" (30x27m) von 1 500 000 bis 2 000 000 RM betrugen, dann muss der Bau des Hitlerbunkers aber ungefähr 20 000 000 RM gekostet haben!! Ein Fahrrad damals 50RM, ein Motorrad 700 RM, für ein Auto zahlte man 3200RM. Die Gesamtkosten des Baus von „Wolfsschanze" überschritten damit mit Sicherheit 80 000 000 RM.

Im Allgemeinen wurden in den Jahren 1940-1944 ungefähr 200 Objekte verschiedener Art errichtet. Wegen der großen Zerstörung ist die Erfassung alter Objekte unmöglich.

Schutz und Tarnung des FHQ

Für die persönliche Sicherheit des Führers und den Schutz der „Wolfsschanze“ waren folgende aus Wehrmachtsstrukturen ausgenommene Formationen verantwortlich: das Führerbegleitkommando, das Führerbegleitbataillon (FFB), die Führerflakabteilung (FFA) und andere SS und Polizeieinheiten.

Bild 40. *RSD-Angehöriger hält Wache vor dem Hitlerbunker.*

Bild 41. *SS- Angehöriger in Winteruniform hält Wache vor dem Hitlerbunker.*

Für den persönlichen Schutz Hitlers war der Reichsicherheitsdienst (RSD) verantwortlich, der vom SS - Brigadeführer J. Rattenhuber geleitet wurde. Beim RSD wurde eine Abteilung der Kriminalpolizei eingerichtet, zu deren Chef SS-Sturmbannführer P. Högl ernannt wurde.

Der Kommandantur des Führerbegleitkommandos war der Leiter der Leibgarde des Führers SS-Sturmbannführer F. Schädle unterstellt. Ihm waren die Adjutanten, das Dienstpersonal und alle Personen, die direkten Kontakt mit Hitler hatten, unterstellt.

Bild 42. *SS- Angehöriger der Ärmelstreifen Hitler, beim Prüfen der Identifikationskarte Gen. R. Schmundts. FHQ „Wolfsschanze" 15. Juli 1944.*

Im FHQ „Wolfsschanze“ waren 45 Angehöriger RSD täglich. Zu den Aufgaben des RSD gehörte der Schutz der Person Hitlers während der Spaziergänge, der Empfänge verschiedener Delegation und während anderer Treffen.

***Bild 43.** Der Flugplatz Wilhelmsdorf/Rastenburg. Zwei Maschinen Focke-Wulf des Typs FW-200. Vorn eine Frühe C-Version. Die SS- Angehörigen der Führer-Begleit-Kommando zusammen mit RSD.*

Der RSD kontrollierte zusammen mit der Kriminalpolizei die Personalien den beim Bau des FHQ beschäftigen Arbeiter und überwachte auch die Bewohner der Umgebung. Eine andere Aufgabe des RSD bestand in der Sicherung und der Auswahl der Reiserouten für Hitler und in der Beseitigung vorgekommener Gefahren, z. B. der Entschärfung der der Sprengladungen.

Eine getrennte Formation für den Schutz Hitlers war SS-Führerbegleitkommando (FBK). Dem FBK wurden Fahrer, Dienstpersonal und Sekretärinnen zugeteilt. Die Gruppe zählte ungefähr 30 Angehörigen. In den Jahren 1941 bis 1944 leiteten drei SS-Sturmbannführer das FBK: F. Schädle, J. Schaub, R. Schultze-Kossenz.

Die Aufgaben dieser Abteilung waren ähnlich wie die des RSD. Wegen der ausgeübten Funktionen stand das FBK Tag und Nacht zu Diensten Hitlers.

Die nächste Schutzformation Hitlers und der „Wolfsschanze“ war das Führerbegleitbataillon (FBB). Ende August 1944 wurde dieses Bataillon in eine Brigade umgewandelt, im Februar 1945 in eine Division.

Alle Kompanie des FBB waren völlig motorisiert. Der Bestand änderte sich, im April 1941 z.B. zählte das Bataillon 1567 und Offiziere. Die Soldaten sind in den Kasernen –„Hindenburg“ in Rastenburg (Kętrzyn) untergebracht worden. Die Soldaten des FBB wurden aus den besten Fronteinheiten der Wehrmacht angeworben. Der Dienst dauerte von 4 bis 8 Monate.

Bild 43. *Die Soldaten (Führer-Begleit-Bataillon) in der Kaserne „Hindenburg“ in Rastenburg.*

Bild 44. *Mannschaftsbaracke, die Soldaten FBB in der „Wolfsschanze“. Winter 1943.*

Bild 45. *Die Soldaten Führer-Begleit-Regiment (später, Bataillon) bei offiziellen Besuchen in Hitler.*

Bild 46. *Wachestelle bei der Ausfahrt aus dem Bahnhof.*

Der Luftschutz des FHQ übernahm die 1. Kompanie der 26. Luftschutzdivision, die der Führerflakabteilung (FFA) unter Kommandant Major F. Roth zugeteilt wurde. Zum Bestand der FFA gehörte eine Batterie der Schwergeschütze (6 - Kanonen 8,8cm 18/36/37 - Geschütze). Die Geschütze der zweiten einer Batterie von Kaliber 2 und 3,7 cm wurden auf verschanzten Artillerieeinheiten der Schutzbunker in der „Wolfsschanze" platziert. Das waren Flak zwei oder 2 cm Flakvierlinge -38. Die Dritte Batterie der 10,5 cm Schwergeschütze wurde in einer Entfernung von 5 km von der „Wolfsschanze" platziert.

Bild 47. *Flakkanone vom Kaliber 8,8cm so genannte "Acht-Acht".*

Zum System des Luftschutzes der „Wolfsschanze" gehörten Abhörstationen der Wehrmacht Nachrichtendienst (WNO). Sie wurden auf dem ganzen Gebiet Ostpreußens verteilt. Zusammen mit SS-Abhörzentralenetzen und der Führer - Luftnachrichtenabteilung waren sie für schnelle Informierung der Batteriekommandanten über eventuelle feindliche Luftangriffe verantwortlich. Sie waren mit Funkortungsanlagen „Würzburg" ausgerüstet.

Bild 48. *Eine „Würzburg" Radarstellung.*

Zum Luftschutz des FHQ gehörte die Luftflotte „Reich", die ihre Basen auf den Flughäfen Königsberg, und Gumbinnen hatte. Die Luftflotte „Reich" und die „Masuren"- Flakgruppe bildeten das Schutzgebiet im Umkreis von 100km rund um die „Wolfsschanze". Dieses Gebiet wurde durch das Polizeibataillon „Hochwald" und das SS-Bataillon PZ Jäger-Ers. Abt., das im benachbaren Carlshof (Karolewo) stationiert war, bewacht.

Die polnischen und sowjetischen Partisanen, die Grenzgebiet Ostpreußens in den Jahren 1943-1944 wirkten keine Gefahr für die Sicherheit Hitlers in der „Wolfsschanze" darstellen.

Bild 49. *Die Stellung Fliegerabwehrkanonen. Der 2 cm-Flak (Flugabwehrkanone)- -Vierling 38.*

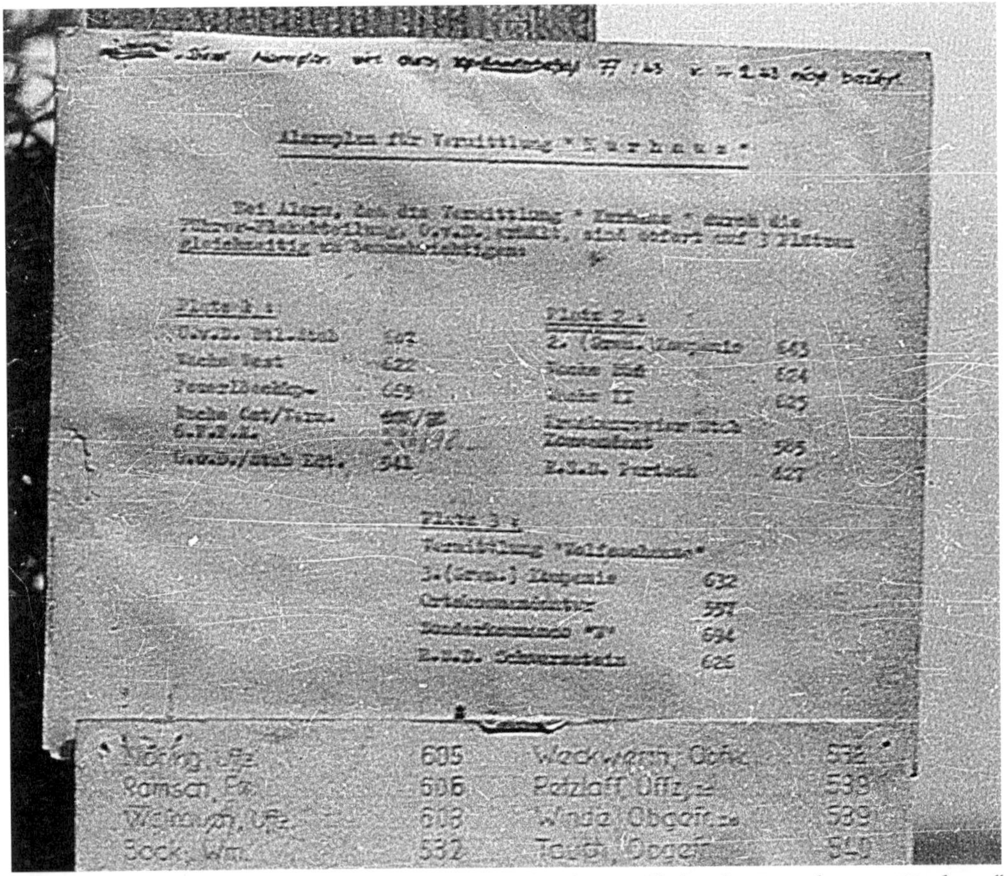

Alarmplan für Vermittlung "Kurhaus"

[illegible]	605	Weckwerth, Obfw.	532
Ramsch, Fw.	606	Petzlaff, Uffz.	538
Weinaug, Uffz.	608	Wude, Obgefr.	539
Bock, Wm.	532	[illegible]	540

Bild 50. *Die Anweisung im Falle eines Alarms (Luftangriff) für die Bewohner –„Kurhaus"*

Bild 51. *Wache „Süd", in Richtung 7km zum Flugplatz.*

ARTEN DER TARNUNG DER OBJEKTE IN DER „WOLFSSCHANZE“

Bild 52. *Die Künstlichen „Bäume“ aus Plastik. Sommer 1946.*

Bild 53. *In Körben gepflanzte Bäume.*

Bild 54. *Tarnungsputz-der Mörtel wurde mit Meergras und Sägespänen in verschiedenen Farben gemischt.*

Bild 55. *Der Bunker und die Bäume mit Tarnungsnetz.*

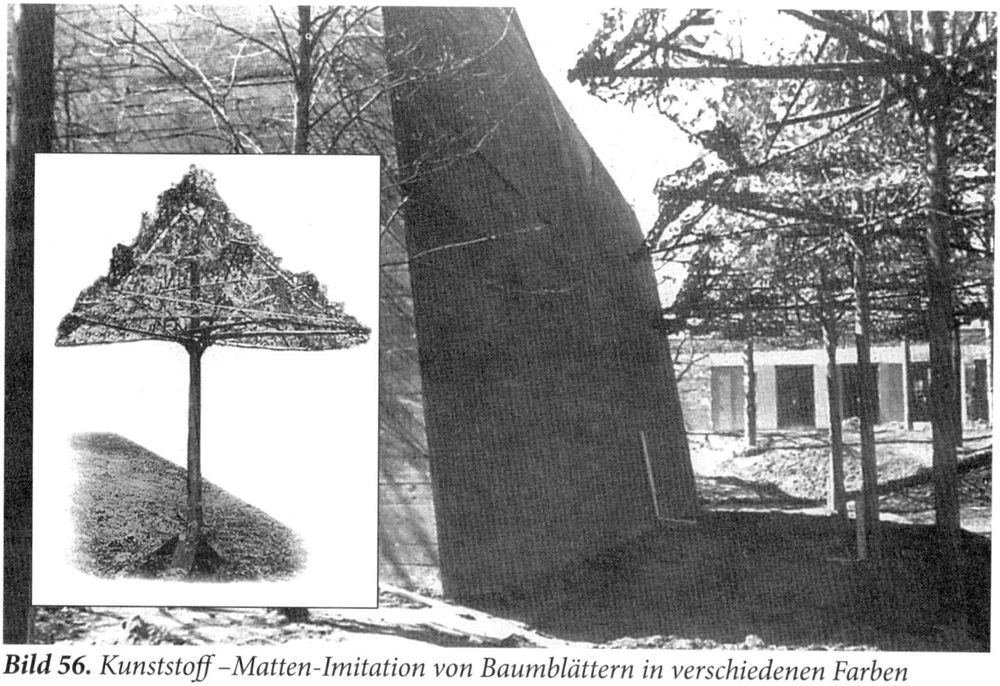

Bild 56. *Kunststoff –Matten-Imitation von Baumblättern in verschiedenen Farben des Waldes. Straße im FHQ, oben Tarnungsnetz.*

Nachrichtenverbindungswesen

Die Leitung der deutschen Nachrichtendiensttruppen organisiert das Kriegsfernmeldesystem im FHQ „Wolfsschanze", die vom Reichsminister für Bewaffnung Und Munition A. Speer mit folgenden Worten bewertet wurde: „Die Nachrichtenübermittlung des Hauptquartiers arbeitete, in Hinsicht auf jene Zeiten, vorbildlich. Man konnte von hier direkten Gesprächen mit allen Kriegsschauplätze führen. Hitler überschätzte die Möglichkeiten des Telefons, des Funkgeräts und des Fernschreibers". Als Chef der Wehrmacht - Nachrichten - Verbindungstruppen wurde Generalmajor E. Fellgiebel genannt, sein Stellvertreter wurde General E. Thiele, zum Stabschef wurde Oberst K. Hahn. L. Sander wurde Offizier für Sonderaufgaben beim OKW. Der Kommandant des Führers Nachrichten Abteilungen (FNA) war Major J. Wolf.

***Bild* 57.** *Telefonzentrale OKW. FHQ „Wolfsschanze"*

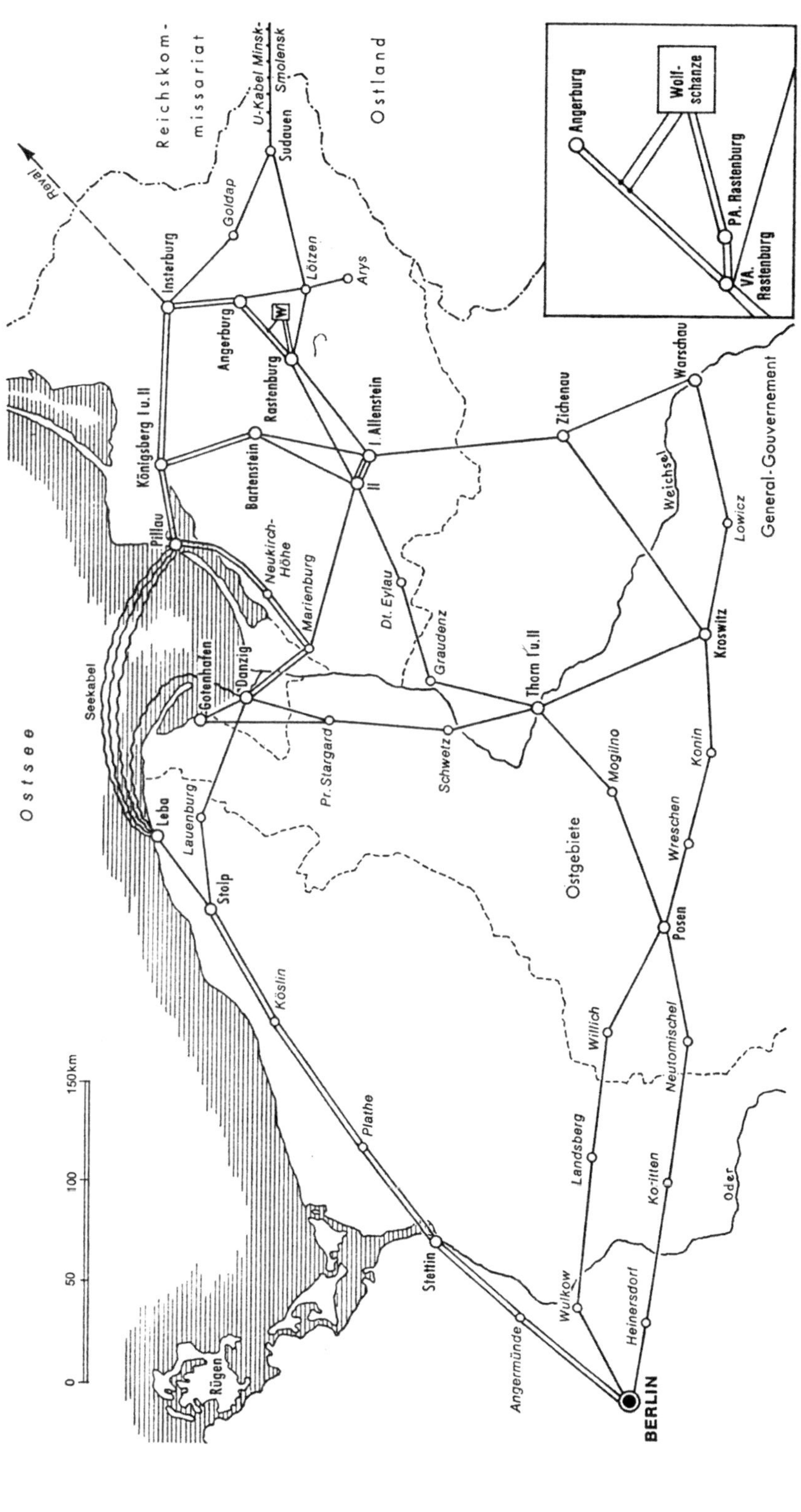

Ostsee
Reval
Reichskommissariat
Ostland
U-Kabel Minsk-Smolensk
Sudauen
Goldap
Insterburg
Lötzen
Arys
Angerburg
W
Rastenburg
Königsberg I u. II
Bartenstein
I. Allenstein
II
Pillau
Neukirch-Höhe
Marienburg
Dt. Eylau
Zichenau
Warschau
Weichsel
Lowicz
General-Gouvernement
Seekabel
Gotenhafen
Danzig
Graudenz
Thorn I u. II
Kroswitz
Pr. Stargard
Schwetz
Mogilno
Konin
Lauenburg
Leba
Stolp
Ostgebiete
Wreschen
Posen
Köslin
Willich
Neutomischel
Plathe
Landsberg
Koritten
Oder
Stettin
Wulkow
Heinersdorf
Angermünde
Rügen
BERLIN
0
50
100
150km
Angerburg
Wolfschanze
PA. Rastenburg
VA. Rastenburg

T- VERBINDUNGEN WOLFSSCHANZ

Stand vom 21. 1. 43 .

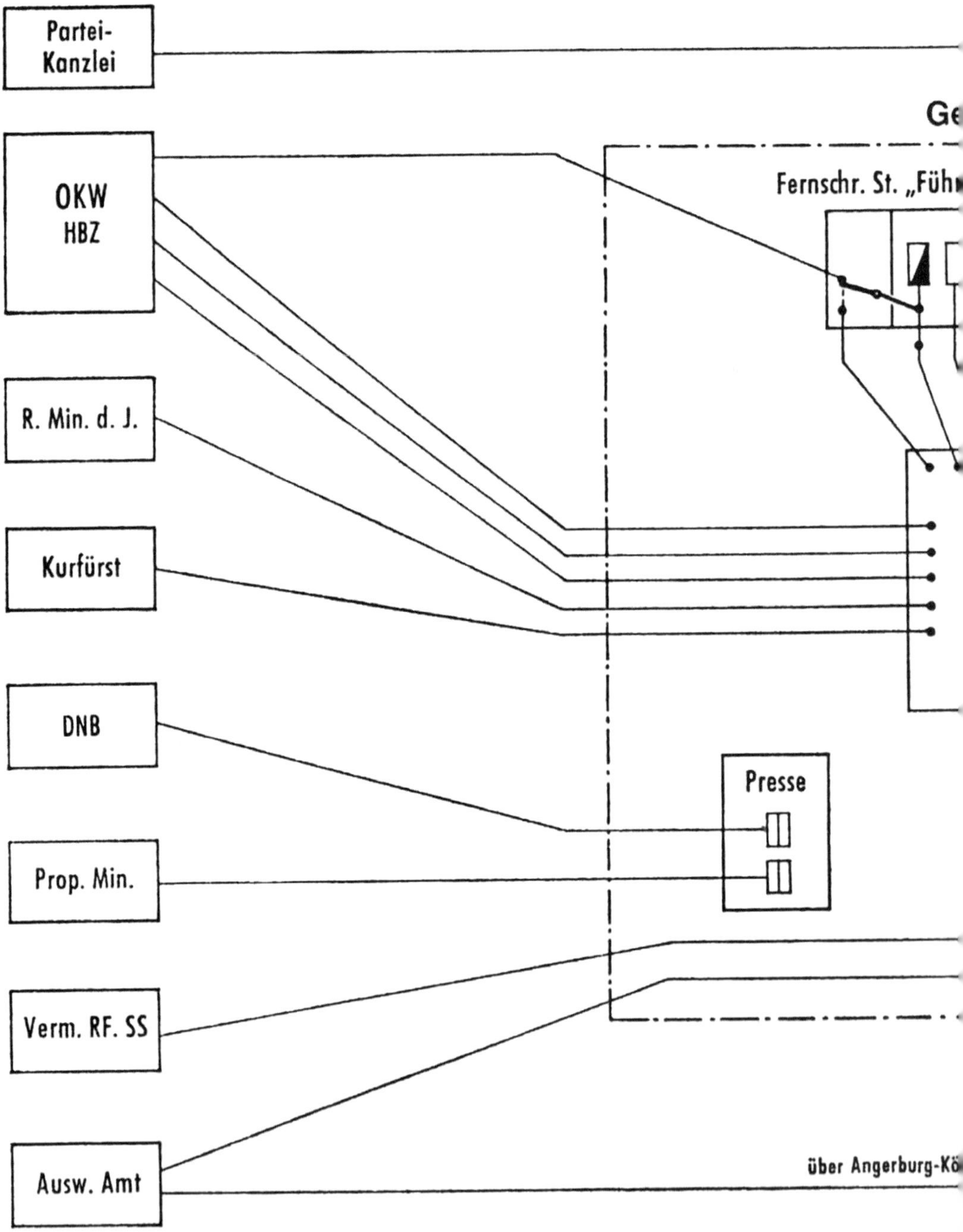

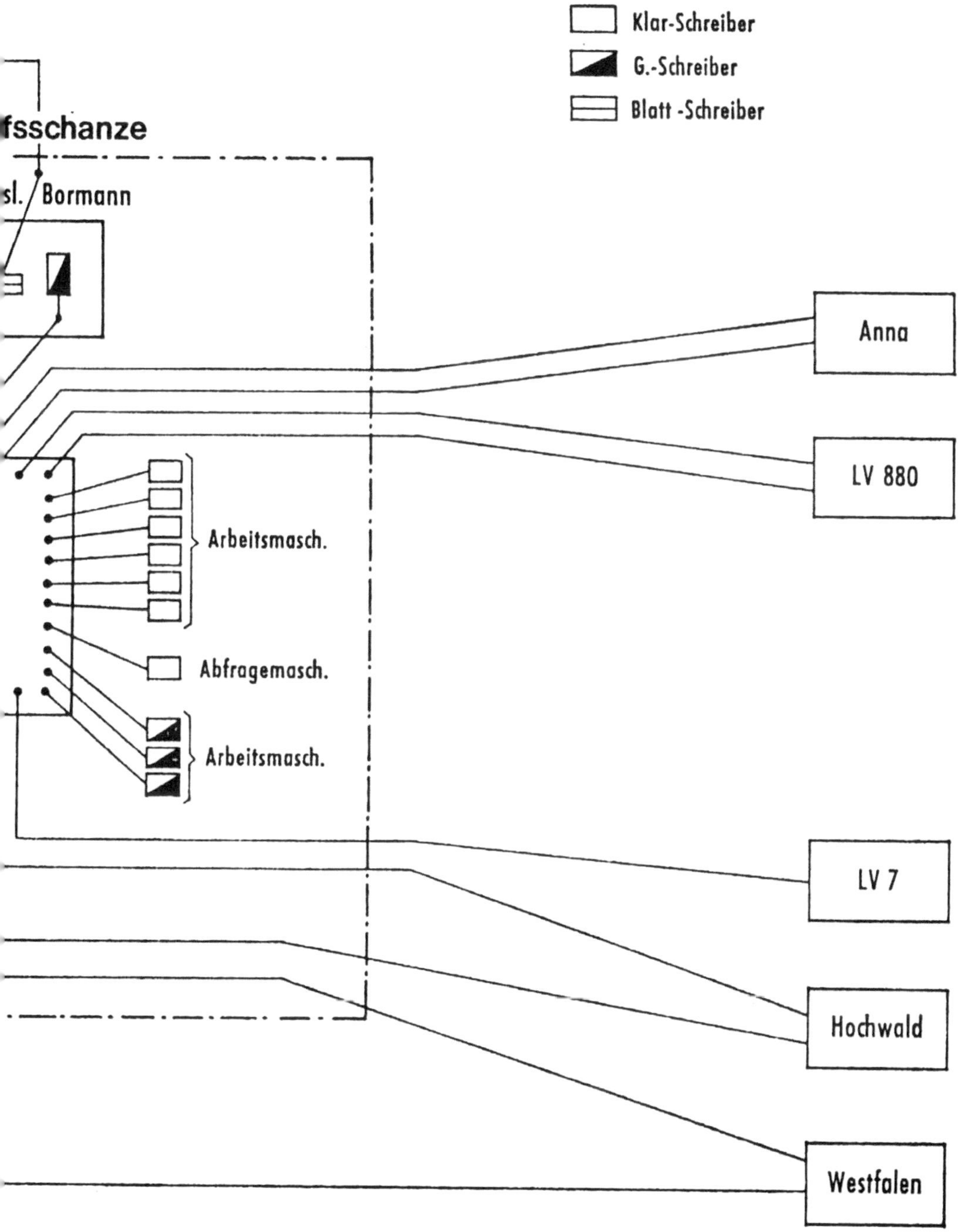
Klar-Schreiber
G.-Schreiber
Blatt -Schreiber
fsschanze
sl.
Bormann
Arbeitsmasch.
Abfragemasch.
Arbeitsmasch.
Anna
LV 880
LV 7
Hochwald
Westfalen

Zu den wichtigsten in der „Wolfsschanze" benutzten Nachrichtenübermittlungsmitteln zählten: Fernsprechverbindungen, Fernschreibverbindungen, Funkverbindungen und Telegrammverbindungen. Außerdem hielt man die Verbindung mit Berlin über Kuriere.

Die Funkgeräte nutzten alle möglichen Frequenzen: die lange, die mittlere, die kurze und die ultrakurze, eingeteilt in tag und Nachtfrequenzen.

Bild 58. *Nachrichtenzentrale OKW. Oktober 1943.*

In der „Wolfsschanze“ waren Hauptrichtfunkstrecken „Führung“ vorhanden, die unmittelbar Hitler und der Obersten Befehlsstelle des OKW unterstellt waren, und die Richtfunkstrecke „Bormann“, die von der Nachrichten und Presseagentur sowie von anderen Diensten benutzt wurde.

In der deutschen Armee nutzte man am häufigsten die Funkverbindung von der Zugebene bis zur Obersten Befehlsstelle der OKW. Die dank der Enigma-Chiffrierungsmaschine kodierten Befehle für alle Kriegsschauplätze wurden fast ausschließlich durch Funkgeräte übermittelt.

Bild 59. *Die Soldaten bei der Fernschreibstelle-Nachrichtenzentrale. FHQ „Wolfsschanze“. Oktober 1943.*

F- VERBINDUNGEN WOLFSSCHANZE

Stand vom 21. 1. 43

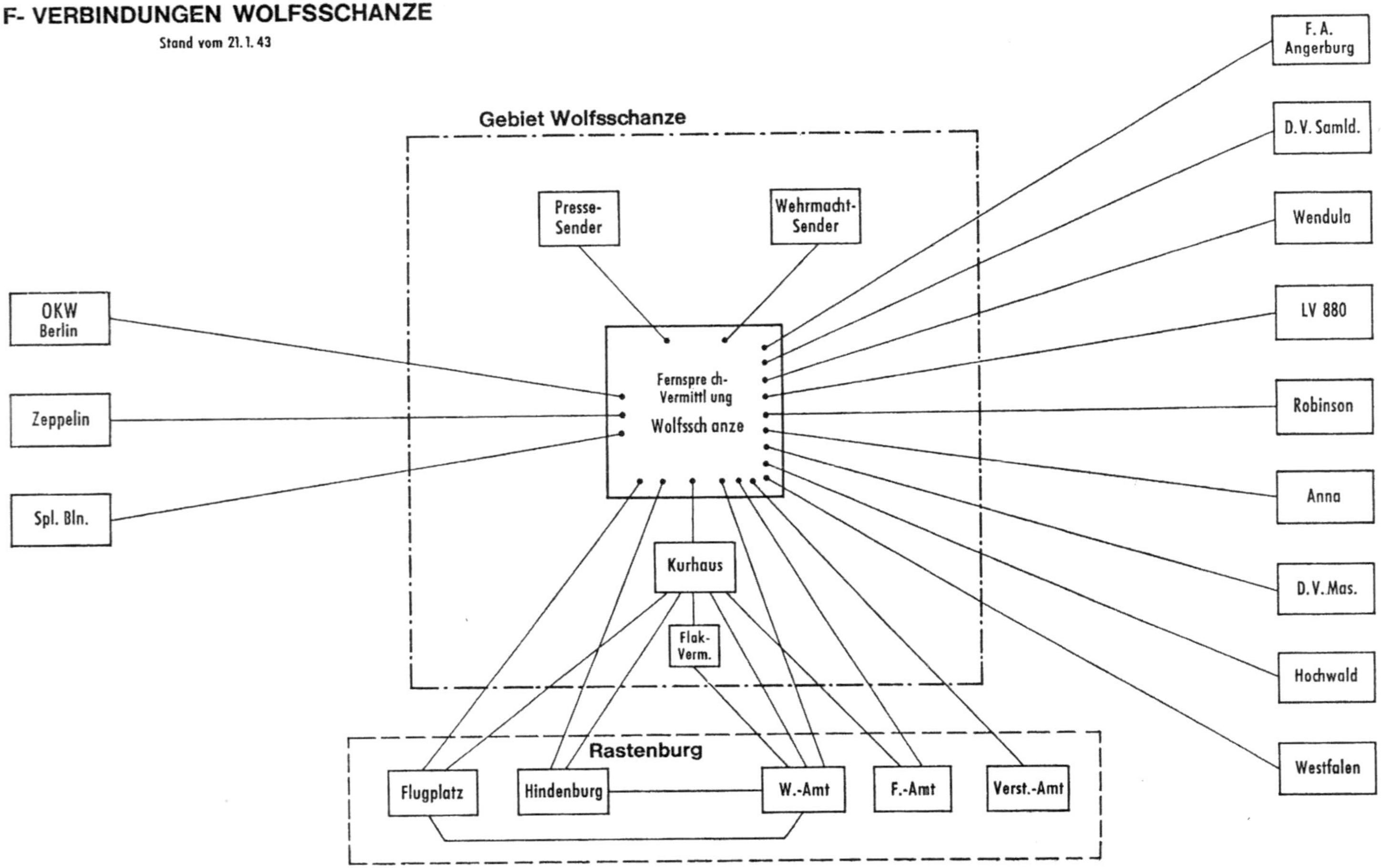

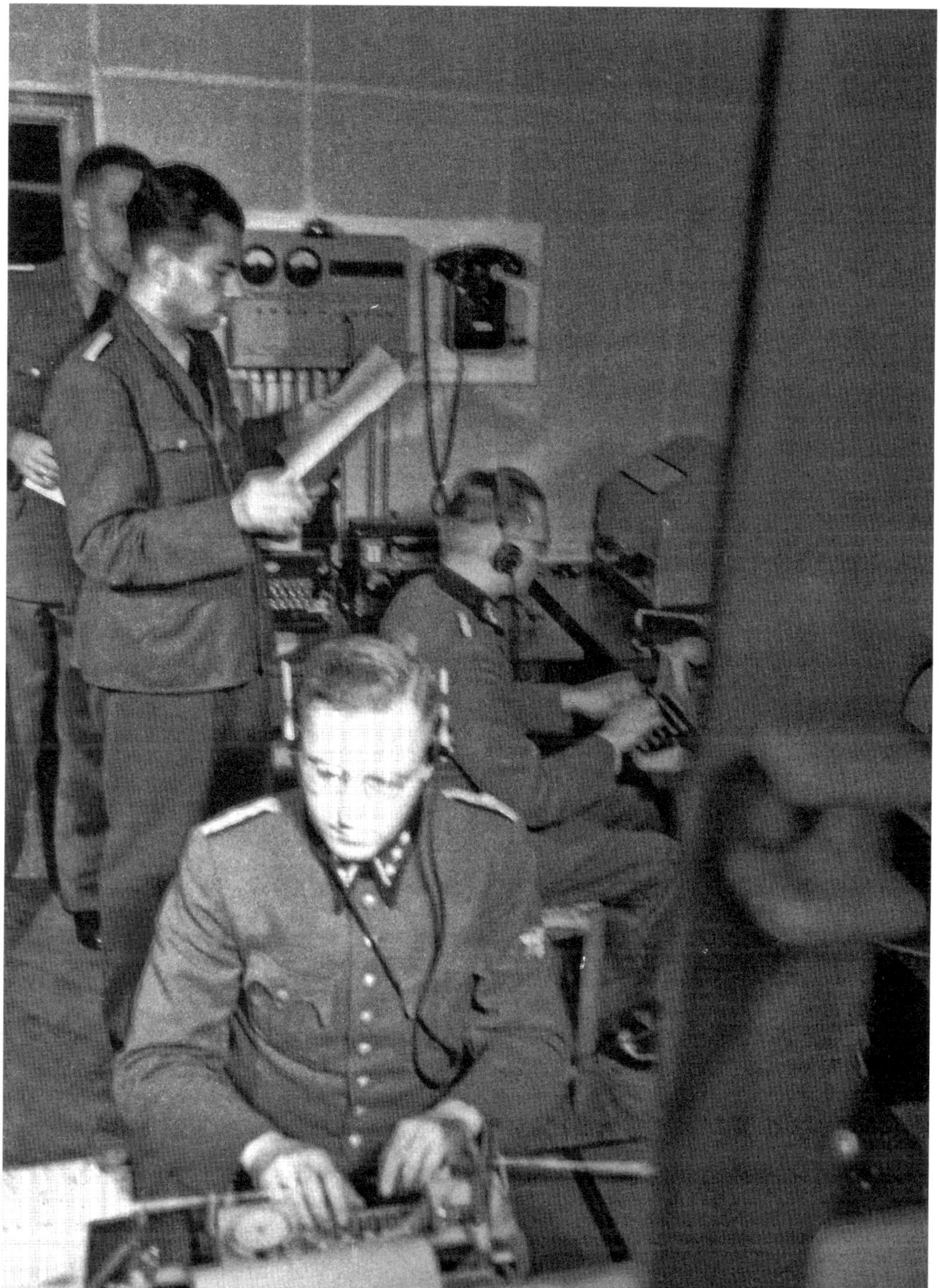

Bild 60. *Die Postbeamte in der Presse Funkstelle, Nachrichtenzentrale die Deutsches Nachrichtenbüro. FHQ „Wolfsschanze". Im Juni 1941.*

Geschwindigkeit 100

P 112

1.	wogps	sbkqn	6 1/4	idrag	xhauc	lmsru	ocmkl
	wwzpx	asipz ·	bwklx	jexqo	qaexd	8:653	rzwlu
	mbnpr	exkja	pxlwd	omkrl ×	flxvm	nokgy	rtzan
	pnyfl	vbwjk	zroks	avpwu	srkbm	(345) ·	duvxp
	uvscr	324-7	fjqxe	igcps	vxtne	cqdrv	rflbp
	ynefo ×	klmud	tixis	mcrza	pkxen	365	iekbm
	imcpl	nskto	sxgje ·	wtdkr	mwfkq	mwfkg	nurft
	xvgqu	lfpxb	lfpsi	8,765	wtdkr ×		
2.	ejgxs	oktns	lpcmi	mbkei	437	nexkq	azrcm
	sixit	dumlk ·	rkdtw	835,6	ispfl	bxpfl	uqgvx
	tfrun	gkfwm	qkfwn	rkdtw ×	ofeny	pblfr	vrdqc
	entxv	xpcig	wesgf	8-734	rcsvu	pxvud ·	(533)
	mbkrs	uwpva	skorz	kjwbv	lfynp	naztr	ygkon
	mvxlf ×	frkmo ·	dwlxp	ajkxe	rpnbm	ulwzr	764:3

***Bild 61.** Der Enigma-Chiffrierungstext.*

Wegen der häufigen Verbote der Radioübertragungen, wurden durch die Nachrichtentruppen oft die Telefonverbindungen genutzt. In der „Wolfsschanze“ wurden 3 Poststellen als Telefonübermittlungsstellen eingerichtet. Für die Verbindung nutzte man Fernschreibmaschinen, die mit Geräten für die Chiffrierung der Informationen ausgerüstet wurden. Die zusammengeschlossene Fernschreiber und Telefonzentrale wurde ehemaligen Kurhaus eingerichtet.

Das Telefon, Telegramm, Fernschreib und Funkverbindungssystem garantierte günstigen Informationsfluss zwischen dem FHQ und Europa. Der größte Nachteil für Nachrichtendiensttruppen war die übermittelten Befehle und Meldungen zu chiffrieren und Kompetenzen zu verteilen. Deswegen hatten die ausländisch.

Nachrichtendienste keine Probleme mit der Entschlüsselung geheimer Informationen, die aus der „Wolfsschanze“ gekommen sind.

Der Chef des Generalstabes des Heeres, Generaloberst F. Halder hatte recht, indem er schreib: „Beinahe war jeder von unseren militärischen Plänen unseren Feinden schon bekannt noch bevor er sich auf meinem Schreibtisch befand“.

Bild 62. *Post, Pakete und Briefe wurden Säcken getragen.*

Alltag und wichtige Ereignisse in der FHQ „Wolfsschanze“

A. Jodl, der Stabschef des OKW, verglich das Leben in der „Wolfsschanze“ mit „…einer Mischung von Kloster und Konzentrationslager“. Diese Feststellung grenzte an Absurdität. A. Hitler verbrechte insgesamt 800 Tage in der „Wolfsschanze“ in den Jahren 1941 bis 1944. Sie war ein merkwürdiger Ort, wo das Leben von fast 2000 Menschen einer Person – dem Führer unterstellt wurde.

Bild 63. *Innenansichten-Teehaus. FHQ „Wolfsschanze“. Im Juli 1941.*

Ihre Freizeit verbrachten die Offiziere in kleinen Gesellschaftsgruppen, die sich in Kasinos und Teehäusern trafen. Eine getrennte Gruppe bildeten die SS-Offiziere, die den Befehl hatten, private Kontakte mit den Wehrmachtsoffizieren zu vermieden.

***Bild 64.** Kaminsaal im Hotel A. Speers.*

***Bild 65.** Sauna.*

Zur Verfügung standen den Bewohnern der „Wolfsschanze“ verschiedene Einrichtungen, wie das Stadion, der Tennisplatz, die Sauna und der Schießstand. Das ständige Leben im Stress, ohne Kontakte mit den Familien führte oft zum erhöhten Alkoholgenuss.

Ende 1942 änderte sich die Stimmung Hitlers oft, seinen Wutausbruch beschrieb H. Rausching: „Er benahm sich wie eine quengeliger Knabe. Er schrie etwas mit piepsiger, dünner Stimme, er trampelte mit dem Bein, er schlug mit den Fäusten in den Tisch und in die Wände. Mit Schaum auf dem Mund, schnaubend in schriller Wut brachte er nur einen abgebrochenen Satz heraus wie „Ich will nicht! Alle raus! Verräter“. Einen packte das Entsetzen, wenn man ihn anguckte. Seine Haare fielen in Unordnung ins Gesicht, sein Blick war irrig, das Gesicht verzerrt und mit Blut unterlaufen. Ich fürchtete, dass gleich umfällt von einem Schlaganfall getroffen“.

***Bild 66.** „Ich will nicht! Alle raus! Verräter“.*

Bild 67. *Sommer 1941. Die Lagebesprechung. Von rechts: Generaloberst F. Halder, A. Hitler und Generalfeldmarschall W. v. Brauchitsch. FHQ „Wolfsschanze“.*

Mit der Zeit zeigten sich die Fähigkeiten Hitlers als Strategen, was General H. Guderian beschreibt: „Hitler war in militärischen Angelegenheiten Dilettant und seine Einschätzung des Feindes war kindisch, die von ihm gehörte Meinung eines Offiziers wurde ein paar Stunde später seine Idee. Außerdem verfügte er über ungewöhnliches Gedächtnis, das zum Albtraum für den Offizierskader wurde. Er konnte sich daran erinnern, wer, was und zu welchem Thema eine Woche früher sagte“.

Bild 68. *Das Arbeitszimmer A. Hitlers. FHQ „Wolfsschanze". Herbst 1943.*

Bild 69. *Spielen mit Hund Blondi gehörte zur beliebtesten Freizeitbeschäftigung.*

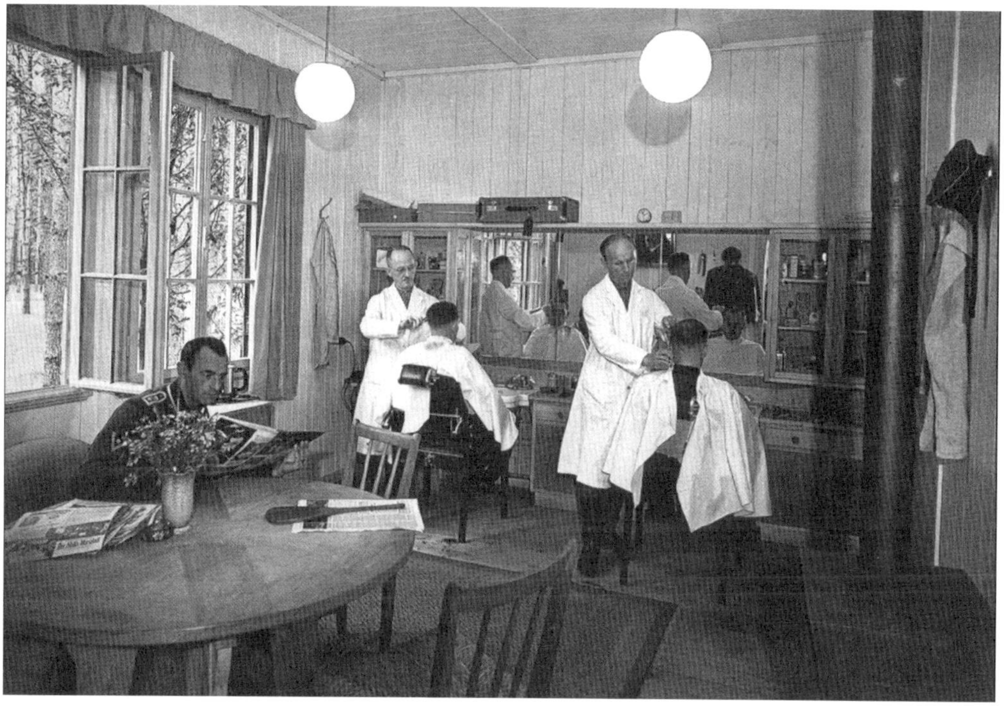

Bild 70. *Friesurdienste im FHQ waren beliebt.*

Bild 71. *Ordonnanzen der „Wolfsschanze" am Moysee. Sommer 1943.*

Bild 72. *FHQ „Wolfsschanze" Besuch Reichsmarschall H. Gőrings. Schweren Hecht aus dem Mauersee, es ist schon! Der Koch, Günther Otto. Im Juli 1941.*

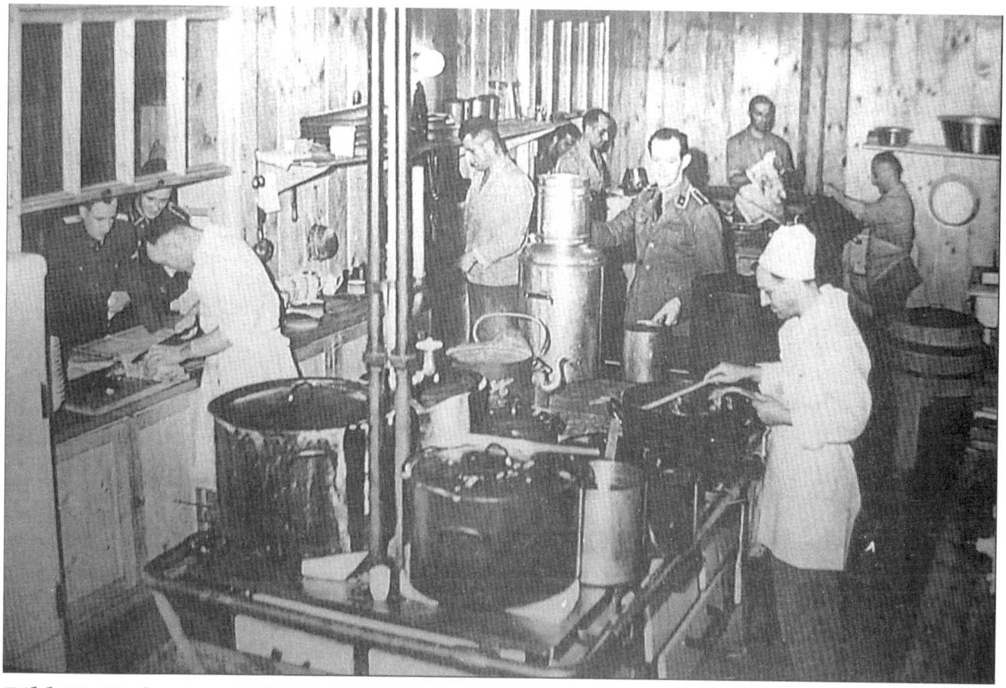

Bild 73. *Vorbereitung der Mahlzeiten im FHQ „Wolfsschanze".*

Bild 74. *Die Arbeitspause.*

Bild 75. *„Mückenstadt" war ein Synonym für die „Wolfsschanze".*

Bild 76. *Die SS - Angehörigen mit Mückennetzen auf dem Kopf. Die Mückenplage war unausstehlich.*

Bild 77. *Vor Ort ist mehrere Sumpfgebiet. Im Marz 2014.*

Die wichtigsten Ereignisse im FHQ „Wolfsschanze“ 1941-1944

Hitler traf mit der Obersten Befehlsstelle des OKW am 23. Juni 1941 in der „Wolfsschanze” ein. In den ersten zwei Wochen des Krieges gegen die Sowjetunion wurden keine Presseberichte über den Verlauf des Krieges erstattet. Man erwartete, dass der deutsche Blitzkrieg zur Zerschlagung des Hauptkerns der Roten Armee führen würde.

Am 16. Juli fand in der „Wolfsschanze“ eine Konferenz mit der Teilnahme Hitlers und Bormanns statt. Während dieser Konferenz wurde das Reichministerium für besetze Ostgebiete eingerichtet, dessen Minister A. Rosenberg wurde.

Drei Wochen später unterschrieb Hitler die Direktive Nr. 33, deren Inhalt die Fortsetzung des Krieges im Osten betraf. Fehlerhafte Voraussetzungen verursachten, dass der Heeresgruppe = (bzw. Front) H. Gr. - Mitte die Unterstützung der Panzerreinheiten entzogen wurden. Diese Panzereinheiten wurden den H. Gr.- Nord und H. Gr.- Süd zugewiesen. Das verspätete wesentlich den Marsch auf Moskau.

Bild 78. *Die Russische Frauen bauen Befestigungsanlagen im Vordergrund vom Moskau. August 1941.*

Am 21. Juli nach der Inspektion der H. Gr. – Nord forderte Hitler vom Generalfeldmarschall Wilhelm Ritter von Leeb (Oberbefehlshaber der Heeresgruppe-Nord) die schelle Besetzung der baltische Häfen. Während dieser Gespräche erlitt Hitler einen Schwächeanfall. Die medizinische Hilfe musste der Arzt T. Morell leisten.

In der ersten Augusttagen 1941 führte Hitler eine Inspektion in den Stäben der H. Gr.-Mitte in Borysewo und der H. Gr. - Süd in Poltawa (eine Stadt in der Zentrum Ukraine). Er gab keine Zustimmung für die Pläne auf den Verzicht eines Angriffs auf Moskau. Nach der Meinung Major G. Engels „war das der schwarze tag für das Heer der Wehrmacht.

Am 24. August kam es zum Treffen des Führers mit dem rumänischen Regierungschef Marschall I. Antonescu. Die Teilnahme der rumänischen Truppen an den Kriegsoperationen der Heeresgruppe (H.Gr.) - Mitte wurde besprochen.

Vom 25 bis 28. August fand der erste Besucht des italienischen Diktators B. Mussolini statt. Während dieses Besuchs wurde die gemeinsame Inspektion der H. Gr. - Süd durchgeführt, wo auch italienische Einheiten kämpften. Eine Woche später kam Ungarns Regent M. von Horthy in die „Wolfsschanze“.

Bild 79. *Der Bahnhof -FHQ „Wolfsschanze“. Besuch B. Mussolinis 25. August 1941.*

Am 20.September, anlässlich der Eroberung Kiews, hielt der Führer einen festlichen Empfang ab, einen Tag Später akzeptierte er den Plan zur Eroberung Moskau unter dem Decknamen „Taifun".

Anfang Oktober 1941 verließ Hitler die „Wolfsschanze" und begab sich nach Berlin, wo er an der Kleidersammlungsaktion für Wehrmachtsoldaten teilnahm.

Am 19. Oktober fand der Besuch des slowakischen Premierminister J. Tiso. Das Hauptthema der Gespräche zwischen den beiden Partnern war die Deportation Juden.

Ein paar Tage später traf der italienische Außenminister Graf G. Ciano in der „Wolfsschanze" ein. Er forderte die versprochene Wirtschaftshilfe für sein Land ein.

Bei ungünstigen Wetterbedingungen (Frost bis -40 C) hielten die angreifenden Truppen der H. Gr. - Mitte im Vorfeld Moskau Anfang Dezember 1941 an.

Am 6. Dezember wurde der deutsche Blitzkrieg Fiktion. Während des Winterfeldzug 1941/1942 kamen 80 000 Wehrmachtsoldaten wegen der extrem niedrigen Temperaturen ums Leben, dazu sterben nach 112 000 infolge der Erfrierungen, vielen Soldaten wurde Hände und Beine amputiert!

Bild 80. *Russischer Winter. Temperatur Grad Frost. Den Wehrmachtssoldaten mangelt es an Winterkleidung. Iglu-bau. Im Januar 1942.*

Am 18. Dezember übernahm Hitler nach der völligen Niederlage der Operation „Taifun" das Oberkommando über das Heer. Gleichzeitig erklärte die Reichsregierung den USA den Krieg.

Der 15. Januar 1942 war der Anfang der Reorganisation der Leitungsebenen des Heeres. General W. Buhle wurde zum Stabschef des Heeres beim OKW ernannt. Es war ein Fehler, dass er das Recht bekam, die Angelegenheiten dem Führer direkt zu referieren, ohne der Obersten Befehlsstelle des OKW darüber zu berichten!

Am 23. Februar 1942 gab Hitler nach dem Gespräch mit SS-Reichsführer H. Himmler seine Zustimmung zur „Endlösung der Judenfrage".

Bild 81. *Besuch Rechsführer-SS H. Himmler in der „Wolfsschanze". Im September 1941. Das Gespräch Thema war die endgültige Lösung der Judenfrage.*

Bild 82. *Die Konzentrationslager wurden in Todesfabriken umgewandelt.*

Bild 83. *Hunger, Kälte und tragische Lebensverhältnisse wurden zum Grund des Todes von Tausenden von Häftlingen der Konzentrationslager.*

Am 8. Februar kam in einem Flugzeugunglück auf dem Flugplatz bei Rastenburg der Waffen und Munition Minister F. Todt ums Leben. Am gleichen Tag ernannte Hitler A. Speer zu Todts Nachfolger.

Am 4. März erreichten die „Wolfsschanze" Nachriten über den ersten Teppichangriff der Alliierten auf Deutschland. Reichsmarschall H. Gőring verlor das Vertrauen Hitlers.

Am 24. März empfing Hitler den bulgarische Zar Boris III. Deutschland verlangte eine größere Anzahl bulgarische Soldaten.

Am 28. März dauerten in der „Wolfsschanze" fieberhafte Vorbereitungen zu Übernahme der Initiative auf der Ostfront an. Die Zerstörung des Feindes in der Ukraine wurde in die Direktive Nr. 41 aufgenommen unter dem Decknamen „Blau".

Bild 84. *Besuch des Zar von Bulgarien Borys' III. – des vertrauenswürdigsten Verbündeten Hitlers.*

Die Nachricht über den großen Luftangriff der Alliierten auf Köln bekam Hitler in der „Wolfsschanze“ am 30. Juni 1942. In dieser Zeit bemerkte man bei ihm Symptome der Schizophrenie. Er isolierte sich von der Außenwelt und gab keinen die Hand. Er kam zu den Mahlzeiten nicht mehr ins Kasino, sondern speiste allein in seinem Banker.

Der Führer verlor das Vertrauen zu seinen Offizieren und führte der Etat des Haupthistoriografen der Wehrmacht ein, dessen Chef Generalmajor W. Scherff wurde. Es war eine wenigstens komische Geste, weil die Personen, die am Gespräch teilnahmen, später das Stenogramm bekamen und auf die Richtigkeit ihrer Aussagen bestätigen mussten.

Am 16. Juli 1942 zog Hitler mit der Obersten Befehlsstelle des OKW in das neue FHQ „Wehrwolf“ in die Ukraine um. Nach fünfmonatigem Aufenthalt in der Ukraine kehrte er in die „Wolfsschanze“ zurück. Am zweiten Tag nach dem Umzug informierte Generalfeldmarschall E. Rommel das OKW, dass sein Afrikakorps nicht in der Lage ist, die Gegenoffensive der britischen 8. Armee bei El-Alamein zu stoppen.

Bild 85. *Generalfeldmarschall Erwin Rommel im Gespräch mit A. Hitler. Im Mai1942.*

Ab November 1942 interessierten sich alle für nur Thema-die Lage der 6. Armee von Gen. Feldmarschall F. Paulus im Stalingrader Kessel. Alle anderen Ereignisse wie die Kündigung des Kriegsmarinechef Großadmiral E. Raeder und der Besucht von Marschall I. Antonescu bleiben im Hintergrund.

Am letzten Januartag 1943 traf in der „Wolfsschanze“ die Nachricht ein dass Gen. Feldmarschall F. Paulus den Akt der bedingungslosen Kapitulation mit den Sowjets Unterzeichnete. Diese ganze Niederlagenwelle schrieb Hitler der Unfähigkeit seiner Generäle zu, dem Fehlen des Kampfgeistes in den rumänischen, italienischen und bulgarischen Truppen. Das war die Kriegswende. Die deutsche Armee verlor für immer die Initiative auf der Ostfront.

Bild 86. *Reichsmarschall H. Gőring im Gespräch mit Hitler. Im September 1943.*

Die zweite Periode des Aufenthalts Hitlers in der „Wolfsschanze" zeichnet sich durch die Welle militärischer Niederlagen der Wehrmacht aus. Das war Zeit des Personalkampfes in den deutschen militärischen und politischen Strukturen. Der Völkermord in den besetzten Ländern forderte Millionen von Opfern.

Diese Zeit war auch eine Zeit der verstärkten Tätigkeit des Wiederstandes gegen Hitler, in der die Gruppe junger Offiziere den Führer durch ein Attentat beseitigen wollte. Ein Beispiel dafür können die Ereignisse vom 13. März 1943 sein, als ein Stabsoffizier der Heeresgruppe - Mitte F. Schlabrendorff Sprengstoff in dem Flugzeug versteckte, in dem der Führer flog. Leider ist diese Bombe nicht explodiert. Das Flugzeug landete sicher auf dem Flugplatz bei Rastenburg.

Vom März bis Juli 1943 machte Hitler eine Kur auf dem Obersalzberg. Am 29. Juni kehrte er in die „Wolfsschanze" zurück, um die militärische Operation „Zitadelle" im Kursker Bogen vorzubereiten.

Am 5. Juli kamen Meldungen in die „Wolfsschanze", dass deutschen Truppen mit 100 Divisionen(890 000 Soldaten), 2700 Panzer und 10 000 Kanonen große Verluste im Kursker Bogen erleiden. Drei Tage später hielt Hitler die „Zitadelle" auf.

***Bild 87.** Der Schlacht von Kursk, neueste Tiger-Panzer. Im Juli 1943.*

Bild 88. *Besuch des finnischen Marschall Carl Gustaf v. Mannerheim im Juli 1943. Thema der Gespräche- Finnen stimme der Teilnahme ihrer Armee an der Belagerung Leningrads zu.*

Bild 89. *Besuch des italienischen Außenminister Graf G. Ciano. Ziel des Besuchs war der Plan Italiens zur theoretischen Unterzeichnung des Friedens mit Sowjetrussland. I November 1943.*

In den nächsten Tagen erreichten die „Wolfsschanze" die Nachrichten aus dem Süden Europas über die Invasion der Alliierten auf Sizilien. Deswegen begab sich Hitler nach Süditalien, um mit Mussolini den Einmarsch der deutschen Truppen auf die Apenninen Halbinsel zu besprechen.

Im Dezember gründete der Führer auf den Rat Bormanns hin den Nationalsozialistischen Befehlsstab bei Obersten Befehlsstelle des OKW, dessen Chef General H. Reinecke wurde. Zum ersten Mal wurde in der Wehrmacht die Stelle des „Nationalsozialistischen Führungsoffiziers" (NSFO) eingeführt.

Im gleichen Monat versenkten die Alliierten das Panzerschiff „Scharnhorst". In der „Wolfsschanze" fand dieses Ereignis keinen großen Widerhall. Silvester 1943/44 verbrachte Hitler nur Gesellschaft Bormanns.

Vom Januar bis Juli weilte Hitler nur sporadisch in der „Wolfsschanze". Die Jahre 1943 bis 1944 zeichneten sich durch Hitlers völligen Verlust der Kontrolle über die Armee. Zur wichtigsten Person in der „Wolfsschanze" avancierte M. Bormann, der Hitler möglichst vom Rest seiner früheren Mitarbeiter isolierte, in dem er den „Führer" in einer Welt der Illusionen hielt.

Die Alliierten stellen nach der Invasion in der Normandie harte Bedingungen für eine Kapitulation Deutschlands. Die Grenze der Ostfront verschob sich zu den Flüssen Narew und Weichsel, die sowjetischen Truppen bedrohten Ostpreußen.

In Deutschland versuchten demokratische Bewegungen in der Armee um jeden Preis Hitler mit Gewalt zu Beseitigen. Die Vorbereitung des Attentats wurde einer Gruppe von Offizieren anvertraut, an deren Spitze Stabschef der Erstzheeres Oberst Claus Schenk von Stauffenberg stand. Der Verlauf des Attentats wurde im weiteren Kapiteln des Buches dargestellt.

Fünf Tage nach dem Attentat, am 25. Juli 1944, unterzeichnete Hitler das Dekret über die Einführung des „totales Krieges". Zum Bevollmächtigten in dieser Angelegenheit wurde J. Gebbels genannt.

Am 1. August 1944 begann in der Warschau der Aufstand. Einer der Befehle Hitlers, der aus der „Wolfsschanze" verschickt wurde lautete: „Die ganze Stadt ist dem Erdboden gleich zu machen, d. h. Häuser, Straßen, Einrichtungen in dieser Stadt und alles, was sich dort befindet".

Am 20. November 1944 wurde das FHQ „Wolfsschanze", diese sehr kuriose Siedlung der Militärs und Zivilisten, aus Ostpreußen evakuiert. Zwei Monate später betraten dieses Gelände Soldaten der Roten Armee.

Das Attentat vom 20. Juli 1944

Das am 20. Juli 1944 auf Hitler in der FHQ „Wolfsschanze“ verübte Attentat war ohne Zweifel der letzte Versuch der Rettung der Ehre deutschen Volkes. Für die meisten Intellektuellen, für höhere Offiziere und für den großen Teil der deutschen Geistlichen galten Hitler und seine Regierung als ein persönliches Drama.

Der Zeitpunkt der Machtübernahme Hitlers, da die Arbeitslosigkeit 70% erreichte, bedeutete für den Durchschnittsbürger die Chance, eine Arbeit zu finden. Binnen vier Jahren wurde die Arbeitslosigkeit beseitigt. Der Preis dafür war die bedingungslose Unterordnung deutsche Bürger unter den „Führerwillen“.

__Bild 90.__ Oberst Claus Phillip Maria Schenk Graf von Stauffenberg.

In den Jahren 1933 bis 1938 wurde der Sicherheitsapparat in ungewöhnlichem Maße ausgebaut. Die politischen Gegner wurden in den Konzentrationslagern zwecks „Resozialisierung“ gesperrt.

Die ersten militärischen Erfolge der Wehrmacht in Polen, Belgien Holland und Frankreich bestätigten die deutsche Öffentlichkeit in der Überzeugung, dass der Krieg gegen Europa berechtig war.

Die Mitglieder der Opposition gegen Hitlers Politik behaupteten, dass er der Anfang vom Ende des deutschen Volkes ist. Die Katastrophe der deutschen Truppen bei Moskau im Winter 1941 zeigte die ganze Wahrheit über die „unbesiegbare“ Wehrmacht. Die Niederlage bei Stalingrad versicherte nur den Kader der jungen Frontoffiziere, dass die einzige Lösung die Beseitigung Hitlers durch das Attentat ist.

Diese Aufgabe nahm Oberst Claus Schenk Graf von Stauffenberg auf sich. Er ist 1907 im kleinen Ort Jettingen bei Günzburg/Donau in Königreich Bayern in einer Schwäbischen Adelsfamilie geboren, die katholische Traditionen pflegte.

Die militärische Kariere begann der junge C. v. Stauffenberg 1926 als Fähnrich des 17. Kavallerieregiments der Reichswehr in Bamberg. Sieben Jahre später wurde er zum Oberleutnant. In der gleichen Zeit Heiratete er Gräfin Nina von Lerchenfeld.

1938 erhielt Claus Schenk v. Stauffenberg das Stabsoffizierdiplom der Militärischen Akademie in Berlin. Als begabter Stabsoffizier nahm er am Krieg gegen Polen, Frankreich und Sowjetrussland teil. 1943 wurde er nach Tunesien verlegt, wo er schwer verletzt wurde. Er verlor das linke Auge, die rechte Hand und zwei Finger der linken Hand.

Nach der Rekonvaleszenz schloss er sich aktiv Widerstandsgruppe an und hielt gleichzeitig eine zweitrangige Stelle im Oberkommando des Heeres in Berlin. Die militärische Widerstandsgruppe leitete der Generalmajor H. von Trescow, der Stabschef der 2. Armee der Heeres Gruppe (H. G) - Mitte.

Die aktive Offiziegruppe, die an Vorbereitungen zum Attentat des 20. Juli 1944 teilnahm

Bild 91. *Generalmajor H. von Trescow. Chef des Generalstabes der 2. Armee.*

Bild 92. *General F. Olbricht. Chef des Allgemeinen Heeresamtes im OKH.*

Bild 93. *Oberst A. Ritter Merz v. Quirnheim. Chef des Stabes des Allgemeinen Heeresamtes.*

Bild 94. *Oberst W. F. von Freytag - - Loringhoven, seit Juli 1944 Leiter der Heerwesenabteilung im Gen. Stab. des Heeres.*

Bild 95. *Generalfeldmarschall E. von Witzleben. Oberbefehlshaber West.*

Bild 96. *General E. Hoepner, Oberbefehlshaber der 4. Panzerarmee.*

Bild 97. *Generaloberst L. Beck. 1935-1938 Generalstabschef des Heeres.*

Bild 98. *Admiral W. Canaris, Leiter des Amtes Ausland/Abwehr im OKW.*

Die günstige Gelegenheit zum direkten Kontakt zwischen Hitler und Oberst C. v. Schenk Stauffenberg erfolge, als der Graf am. 1. Juli 1944 die Nominierung als Oberst mit der neuen militärischen Stelle des Stabschefs beim Befehlshaber des Ersatzheeres Generaloberst F. Fromm erhielt. Der Plan der Machtübernahme nach dem gelungenen Attentat auf Hitler wurde genau vorbereitet.

Die erste Gelegenheit zum Attentat in der FHQ „Wolfsschanze" ergab sich am 15. Juli 1944. Nach kurzer Zeit wurde aber eine Besprechung abgesagt und Oberst Claus Schenk v. Stauffenberg wurde wieder zum 20. Juli angerufen, um ein Referat über die Nutzung des Ersatzheeres an der Ostfront zu Halten.

Bild 99. *Am 15. Juli 1944. Der erste Besuch Obersts C. v. Stauffenberg in der „Wolfsschanze".*

07:00 Uhr - **20. Juli 1944**, Vom Berliner Flughafen (Rangsdorf) startete das Flugzeug Ju -52 (Junkers). Auf der Passagierliste war Oberst C. Schenk v. Stauffenberg und sein Adjutant Oberleutnant W. v. Haeften. In der braunen Tasche des Obersts waren zwei Sprengstofflandungen mit einem chemischen Anzünder englischer Produktion.

Sprengstoffladungen mit einem chemischen Anzünder englischer Produktion.

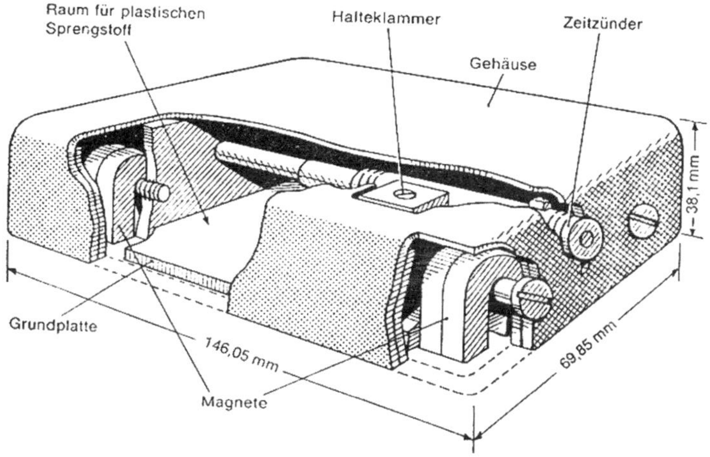

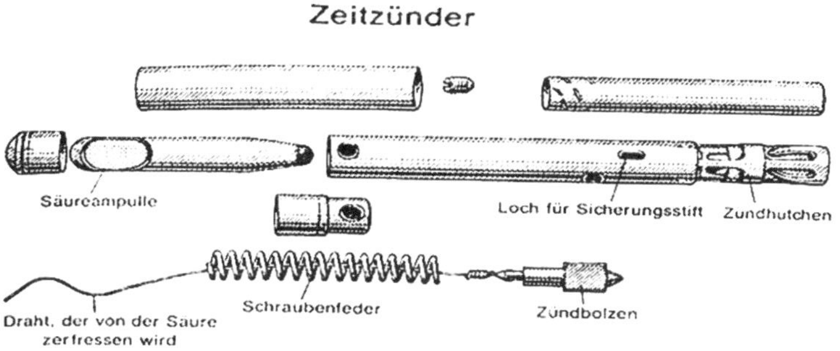

10:10 Uhr. Das Flugzeug landete auf dem Flugplatz Wilhelmsdorf bei Rastenburg.
10:15 - 10:30 Uhr. Fahrt vom Flugplatz zur „Wolfsschanze".
11:00 - 12:00 Uhr. Es war die Zeit für Frühstück, Gang zum Sperrkreis II, um den Chef des OKW Generalfeldmarschall W. Keitel zu treffen.
Gegen **12:00** Uhr. Wegen der Ankunft B. Mussolinis erhielt Oberst Claus Schenk v. Stauffenberg die Nachricht über die Verschiebung der Besprechung von **13:00** auf **12:30** Uhr.
Wie später im Ermittlungsverfahren festgestellt wurde, entscheiden diese „30 Minuten" über das Misslingen des Attentats.

Oberst C. Schenk v. Stauffenberg betätigte mit drei Finger der linken Hand wegen des Zeitmangels den Anzünder von nur einer Bombe. Oberst C. Schenk v. Stauffenberg und Generalfeldmarschall W. Keitel beraten den Besprechungsraum (Lageberacke) zu spät, schon nach dem Beginn nach **12:30 Uhr.**

Nachdem sie die Plätze nahmen, platzierte, Oberst C. Schenk v. Stauffenberg den Sprengstoff unter dem Konferenztischblatt und verließ den Beschprechungsraum unter dem Vorwand dringend in Berlin anrufen zu müssen. Zu Fuß gelangte er zum schon auf ihn wartenden Wagen.

Während der Explosion der war er schon mit seinem Adjutant auf dem Weg zum Flugplatz.

Bild 100. *Der Lagebarcke-Besprechungsraum. A. Hitler beim dem Konferenztisch. Ordensverleihung an Sepp Dietrich (Profil) Gruppenführer- SS und Generaloberst der Waffen SS; halb verdeckt, Hermann Fegelein, Gruppen führer-SS und Generalleutnant der Waffen-SS. Am 10. August 1944.*

Um 13:15 Uhr, flog die Maschine nach Berlin ab, wo Oberst C. Schenk v. Stauffenberg um **16:00** Landete.

Zum Zeitpunkt der Explosion der Bombe befanden sich 24 Personen im Besprechungsraum. Die Explosion der Landung zerstörte völlig den Raum, aber nicht das Gebäude. (Der Besprechungsraum war Teil des Backsteinbaus Lagebaracke).

Als Ergebnis des Attentats wurde folgende Personen tödlich verwundet: Stenograf H. Berger, Oberst Heinz Brandt: Erster Generalstabsoffizier, Heusingers Stellvertreter, General Günther Korten, Chef des Generalstabes der Luftwaffe und Generalleutnant R. Schmundt, der am 1. Oktober 1944 starb.

Die meisten Anwesenden wurden nur leicht verwundet. Hitler erlitt nur leichte Verletzungen, sein Trommelfell zerplatzte und aus seinem Körper wurden 200 Splitter herausgezogen. Zwei Stunden später empfing er schon B. Mussolini.

Bild 101. *Die Explosionskraft zerstörte den Besprechungsraum völlig.*

Die Lagebarcke - 20. Juli 1944.

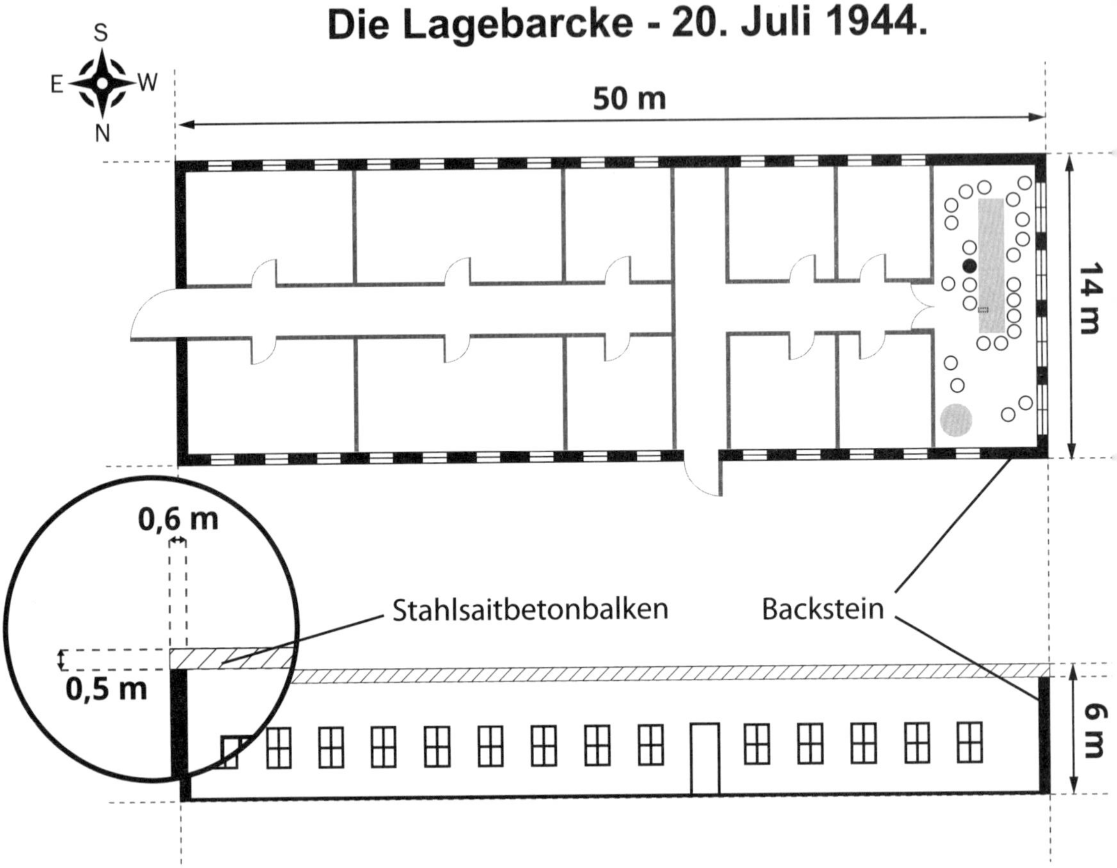

1. A. Hitler *(leicht verletzt)*
2. Generalleutnant A. Heusinger *(leicht verletzt)*
3. General der Flieger G. Korten *(tödlich verletzt)*
4. Oberst H. Brandt *(tödlich verletzt)*
5. General der Flieger K. H. Bodenschatz *(schwer verletzt)*
6. Oberstleutnant H. Waizenegger
7. Generalleutnant R. Schmundt *(schwer verletzt, 1.10 1944 gestorben)*
8. Oberstleutnant H. Borgmann *(schwer verletzt)*
9. General W. Buhle
10. Konteradmiral K. J. v. Puttkamer *(leicht verletzt)*
11. Stenograph H. Berger *(tödlich verletzt)*
12. Kapitän zur See H. Aßmann
13. Major J. v. Freyend
14. Generalmajor W. Scherff *(leicht verletzt)*
15. Konteradmiral H. E. Voss
16. SS-Hauptsturmführer O. Günsche *(leicht verletzt)*
17. Oberst N. Belov
18. SS-Gruppenführer H. Fegelein
19. Stenograph H. Buchholz
20. Major H. Büchs
21. Gesandter F. E. Sonnleithner
22. General W. Warlimont
23. Generaloberst A. Jodl *(leicht verletzt)*
24. Generalfeldmarschall W. Keitel

Grundriss die Lage im Beratungsraum vor der Bombenexplosion- 20. Juli 1944.

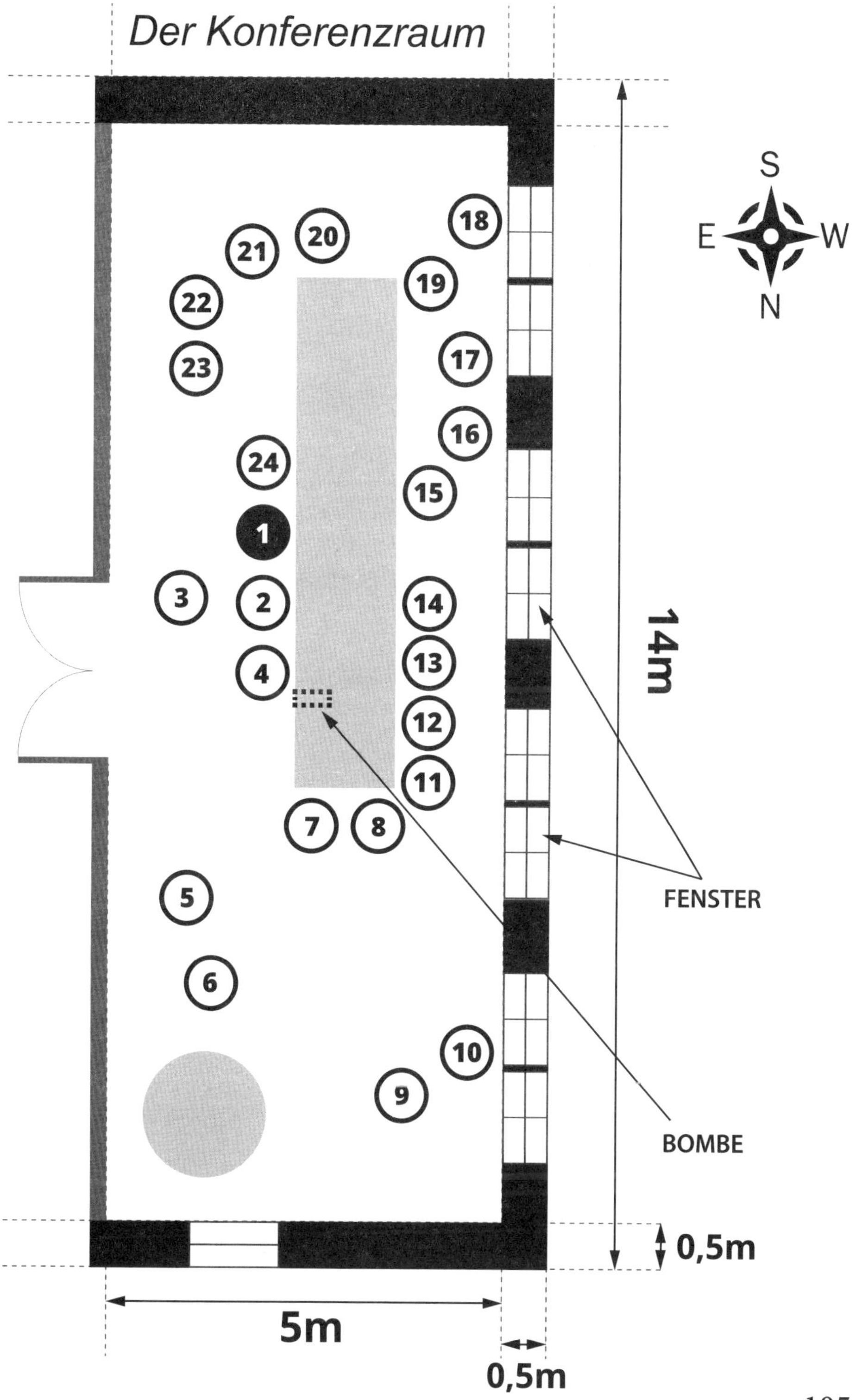

Bild 102. *Die Rekonstruktion des zerstörten Konferenztisches dauerte zwei Tage. Reichsmarschall H. Gőring dachte an Glück, weil er an der Besprechung nicht teilnahm.*

Bild 103. *Hitler und der „Duce" (Mussolini) besichtigen den zerstörten Konferenzraum. Hitler erklärte dem „Duce", dass Gott ihr vor dem Tod gerettet habe.*

Bild 104. *A.Hitler und B. Mussolini vor der Lagebaracke.*

Bild 105. *Zerstörte Hose eines an der Besprechung vom 20. Juli 1944, teilnehmenden Offiziers.*

Bild 106. *Generaloberst A .Jodl (Kopfverband) mit Hitler. Mitte August 1944.*

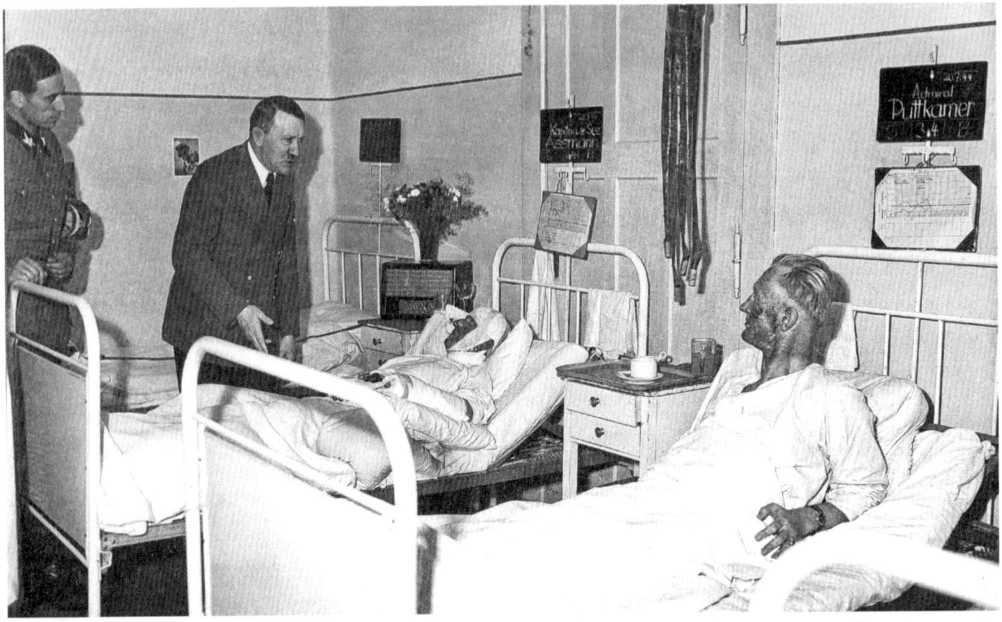

Bild 107. *Hitler besucht Verwundete Ende Juli bis Ende September 1944 -Hitler Gespräch, neben das Bett Assmann stehend, J. v. Puttkamer vorne im Bett legend Fliegenfänger. Reservelazarett Carlshof.*

Bild 108. *Neben der Lagebaracke. Ganz Rechts; Karl Saur (Ingenieur) Hauptdienststellenleiter, A. Speer, Ordonnanzoffizier R. Schulze-Kossens, Großadmiral K. Dönitz, Gen. Feldmarschall W. Keitel, Generaloberst H. Guderian. FHQ „Wolfsschanze" 21. September 1944.*

Die Spekulationen der Historiker, was gewesen wäre, wenn das Attentat im Betonbunker stattgefunden hätte oder wenn das Tischblatt anders wär., sind reine Theorie. Das Attentat fand in der Baracke statt und diese Tatsache kann man nicht mehr ändern. Meiner Meinung nach rettete Mussolini Hitler das Leben, weil wegen seiner Ankunft der Besprechungstermin geändert wurde, was aber eine große Vereinfachung ist.

Die Betätigung der Bombenzündung durch eine Person mit begrenzter Handbeweglichkeit (C. Schenk v. Stauffenberg hatte nur drei Finger der linken Hand) dauerte 20 Minuten. Dem Obersten fehlten diese 20 Minuten für die Betätigung der zweiten Bombe. Mit Sicherheit würde der Tod Hitlers das weitere Geschick Deutschlands und Europas ändern.

Die weiteren Maßnahmen des Putsches fanden in Berlin statt. Der vorbereitete Plan der Machtübernahme in ganz Deutschland unter dem Decknamen „Walküre" scheiterte.

Um Mitternacht des 20. Juli 1944 wurden Oberst Claus Schenk v. Stauffenberg, General F. Olbricht, Oberst M. v. Quirnheim und Oberleutnant W. v. Haeften verhaftet. Kurz danach wurden alle vor dem Gebäude des Allgemeinen Heeresamtes in der Bendlerstraße, wo die Putschzentrale war, erschossen. Die letzte Worte Oberst Claus Schenk v. Stauffenbergs vor seinem Todt waren: „Lang lebe unsere heiliges Deutschland"! Er war 37 Jahre alt.

Die Leichen der erschossen Offiziere wurden zuerst auf dem St. Matthias-Friedhof in Berlin-Schöneberg bestattet. Später wurden sie exhumiert und verbrannt. Ihre Asche wurde von einem Flugzeug in der Luft gestreut.

Die Untersuchung der Gestapo umfasste die Kartei von ungefähr 5000 Menschen, die wegen aktiver oder passiver Beteiligung am Wiederstand gegen Hitler beteiligt waren. Hohe Offiziere wurden nach dem Urteil des Volksgerichtshofes erhängt (in Plőtzensee). Die Filme von der Hinrichtung wurden in der „Wolfsschanze" gezeigt. Die meisten Männer wurden in Konzentrationslager gebracht. Die Verhaftungen dauerten bis Kriegsende.

Die Frau von Claus Schenk v. Stauffenberg Nina wurde ins Konzentrationslager Ravensbrück gebracht und entging nur durch ein Wunder dem Tod.

Bild 109. *Plőtzensee-Das Symbol Deutscher Widerstand.*

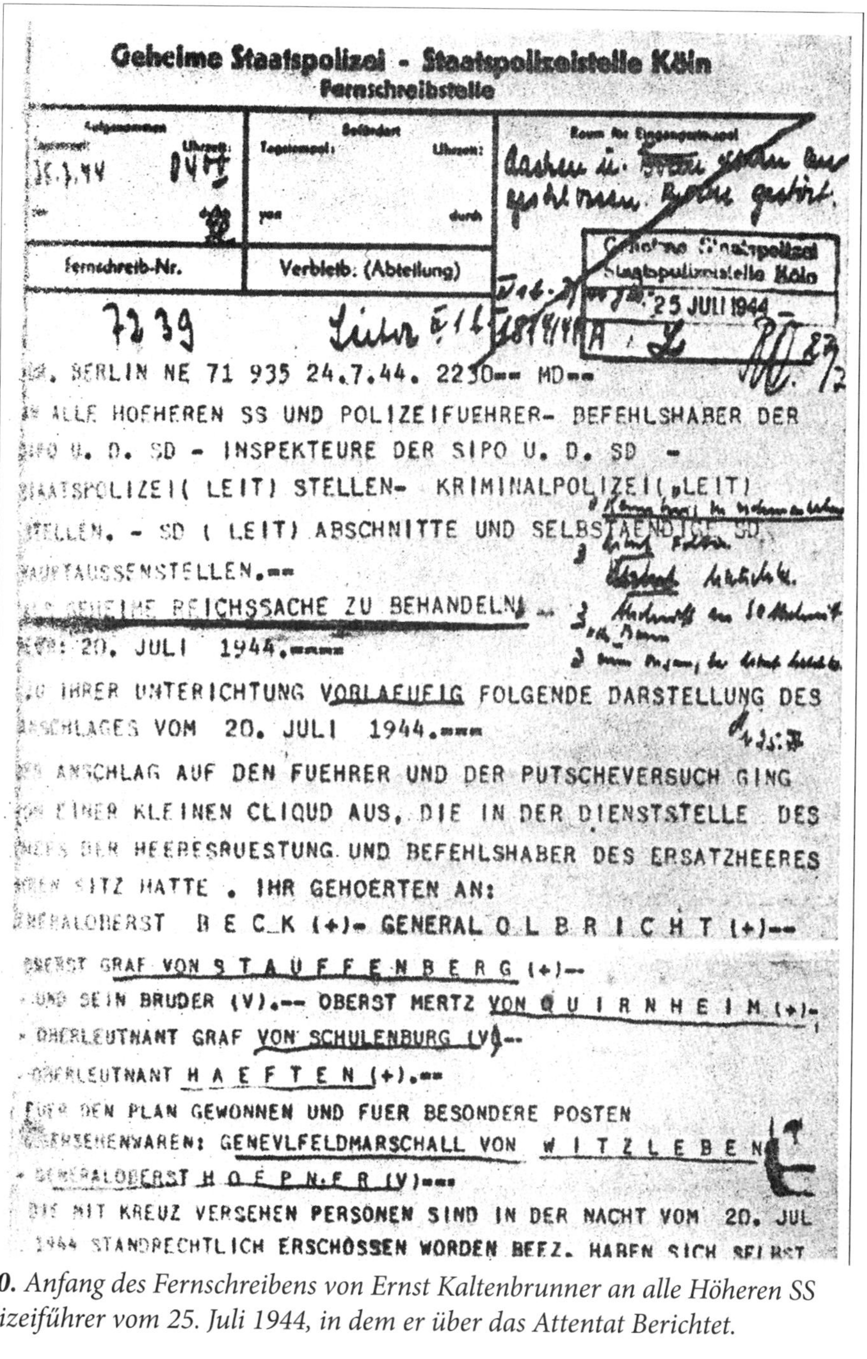
Geheime Staatspolizei - Staatspolizeistelle Köln
Fernschreibstelle

Fernschreib-Nr. 7239 | Verbleib: (Abteilung)

Geheime Staatspolizei Staatspolizeistelle Köln 25 JULI 1944

BERLIN NE 71 935 24.7.44. 2230-- MD--
AN ALLE HOEHEREN SS UND POLIZEIFUEHRER- BEFEHLSHABER DER SIPO U. D. SD - INSPEKTEURE DER SIPO U. D. SD - STAATSPOLIZEI(LEIT) STELLEN- KRIMINALPOLIZEI(LEIT) STELLEN. - SD (LEIT) ABSCHNITTE UND SELBSTAENDIGE SD HAUPTAUSSENSTELLEN.--
ALS GEHEIME REICHSSACHE ZU BEHANDELN--
BETR: 20. JULI 1944.----
ZU IHRER UNTERICHTUNG VORLAEUFIG FOLGENDE DARSTELLUNG DES ANSCHLAGES VOM 20. JULI 1944.---
DER ANSCHLAG AUF DEN FUEHRER UND DER PUTSCHEVERSUCH GING VON EINER KLEINEN CLIQUD AUS, DIE IN DER DIENSTSTELLE DES CHEFS DER HEERESRUESTUNG UND BEFEHLSHABER DES ERSATZHEERES IHREN SITZ HATTE . IHR GEHOERTEN AN:
GENERALOBERST B E C K (+)- GENERAL O L B R I C H T (+)--
OBERST GRAF VON S T A U F F E N B E R G (+)--
UND SEIN BRUDER (V).-- OBERST MERTZ VON Q U I R N H E I M (+)-
- OBERLEUTNANT GRAF VON SCHULENBURG (V)--
OBERLEUTNANT H A E F T E N (+).--
FUER DEN PLAN GEWONNEN UND FUER BESONDERE POSTEN VORGESEHEN WAREN: GENEVLFELDMARSCHALL VON W I T Z L E B E N
- GENERALOBERST H O E P N E R (V)---
DIE MIT KREUZ VERSEHEN PERSONEN SIND IN DER NACHT VOM 20. JUL 1944 STANDRECHTLICH ERSCHOSSEN WORDEN BEZ. HABEN SICH SELBST

Bild 110. *Anfang des Fernschreibens von Ernst Kaltenbrunner an alle Höheren SS und Polizeiführer vom 25. Juli 1944, in dem er über das Attentat Berichtet.*

Am 20.Juli 1992, dem 48 Jahrestag des Attentats, fand die feierliche Einweihung einer Gedenktafel statt.

Die Tafel hat die Form eines geöffneten Buches, das von der Thorner Bildhauerin Ewa Szczech-Siwicka geschaffen wurde. Auf den Seiten des Buches kann man deutscher und polnischer Sprache lesen:

HIER STAND DIE BARACKE IN DER AM 20. JULI 1944 CLAUS SCHENK GRAF VON STAUFFENBERG EIN ATTENTAT AUF ADOLF HITLER UNTERNAHM. ER UND VIELE ANDERE DIE SICH GEGEN DIE NATIONALSOZIALISTISCHE DIKTATUR ERHOBEN HATTEN - BEZAHLTEN MIT IHREM LEBEN.

Bild 111. *An den Feierlichkeiten nahmen die drei Söhne von C. Schenk Graf von Stauffenberg teil: Franz, Heimeran und Bertold (in Uniform).*

Sprengung des FHQ „Wolfsschanze“

Als sich im Oktober 1944 die Offensive der Roten Armee der Stadt Goldap näherte, wurde die Bedrohung der „Wolfsschanze“ real. Hitler war klar, die Evakuierung aus Ostpreußen den Verlust dieser Gebiete für immer bedeutete. Deswegen wartete er mit der Entscheidung bis zum 20. November 1944. An diesem Tag wurde die ganze Befehlsstelle des Oberkommandos der Wehrmacht mit Hitler nach Berlin evakuiert.

Andere Hilfsdienste mit der ganzen Dokumentation und mit der militärischen Ausrüstung verließen das Quartier eine Woche später. Am 22. November bekam Infanteriechef in Dőbenitz General Franz Jacob von Generalfeldmarschall Keitel den Befehl, die Objekte der FHQ „Wolfsschanze“ auf die Zerstörung vorzubereiteten. Diese Aufgabe wurde unter dem Decknamen „Inselsprung“ getarnt.

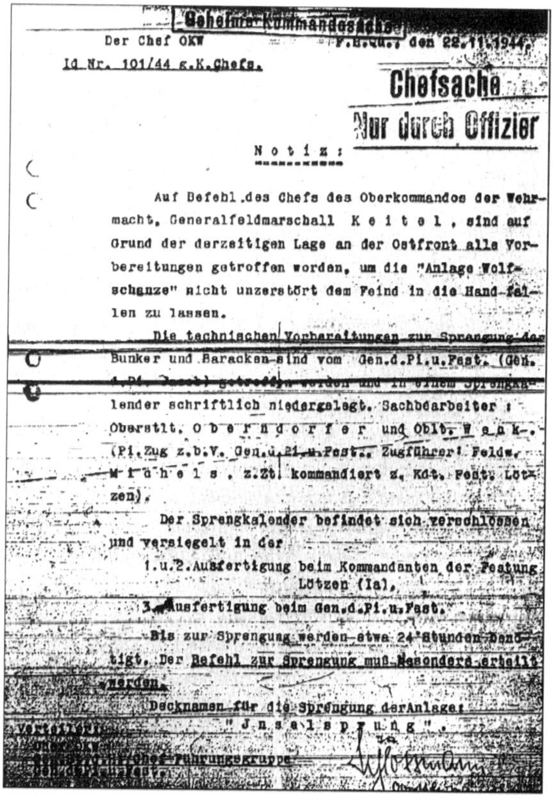

Geheime Kommandosache

Der Chef OKW F.H.Qu., den 22.11.1944.

Id Nr. 101/44 g.K.Chefs.

Chefsache

Nur durch Offizier

Notiz:

Auf Befehl des Chefs des Oberkommandos der Wehrmacht, Generalfeldmarschall Keitel, sind auf Grund der derzeitigen Lage an der Ostfront alle Vorbereitungen getroffen worden, um die "Anlage Wolfschanze" nicht unzerstört dem Feind in die Hand fallen zu lassen.

Die technischen Vorbereitungen zur Sprengung der Bunker und Baracken sind vom Gen.d.Pi.u.Fest. (Gen. d.Pi. [illegible]) getroffen worden und in einem Sprengkalender schriftlich niedergelegt. Sachbearbeiter: Oberstlt. Oberndorfer und Oblt. Wenk. (Pi.Zug z.b.V. Gen.d.21.u.Fest., Zugführer: Feldw. Michels, z.Zt. kommandiert z. Kdt. Fest. Lötzen).

Der Sprengkalender befindet sich verschlossen und versiegelt in der

1.u.2. Ausfertigung beim Kommandanten der Festung Lötzen (Ia),

3. Ausfertigung beim Gen.d.Pi.u.Fest.

Bis zur Sprengung werden etwa 24 Stunden benötigt. Der Befehl zur Sprengung muß besonders erteilt werden.

Decknamen für die Sprengung der Anlage:

"Jnselsprung".

Verteiler: [illegible]

Bild 112. *Befehl zur Zerstörung der „Wolfsschanze“.*

Die Verminungsarbeiten dauerten zwei Monate. Nach der Analyse des Zestőrungszustandes von einzelnen Objekten, gelangte ich zur Überzeugung, dass die Sprengmeister mit der Einsetzung von Sprengstoffladungen nach einem genauen Plan vorgegangen sind. Wie man im Allgemeinen annimmt, lud man in einen Bunker vom Typ A (Deckenstärke 8m, Wandstärke 7,8m) 1,6 Tonnen TNT und diese Landung wurde gezündet. Es gibt noch eine andere Version, dass schon während der Bauarbeiten der Platz für den Sprengstoff vorbereitet wurde. Ich vertrete diese Meinung ober nicht!

Bild 113. *Die Überreste von Stahl und Beton.*

Bild 114. *Allgemeiner Bunker. Sommer 2001.*

Ich bin überzeugt, dass den Sprengmeistern Baupläne zur Verfügung gestellt wurden. Der Erfolg, einzelne Objekte zu zerstören, hing nicht von der Menge des benutzten Sprengstoffes, sondern vom Ort des Anbringens ab. Die Sprengung eines Bunkerteils verursachte den Einsturz des Verbliebenen Teils. Wann man annimmt, dass zur Zerstörung von einem Kubikmeter Stahlbeton 5 kg TNT gebrauchte wurde, dann brauchte man für die Zerstörung eines Abschnittes einer 8 m starken Konstruktionswand 40 kg TNT.

Wenn wir annehmen, dass 40 kg schwere Landungen in einer Konstruktionswand des Bunkers des Typs A 10 platziert wurden (jeweils 5 Landungen im oberen und unteren Teil), was 400 kg TNT ausmacht, ergibt sich, dass für das ganze Objekte 1,6 Tonnen Sprengstoff benötigt wurden.

Wir können selbst die Unterscheide zwischen den zerstörten Objekten feststellen. In einigen wurde nur eine Wand, anderen zwei Wände in die Luft gesprengt.

Deswegen war die Menge der zur Zerstörung der „Wolfsschanze“ benutzten Sprengstoff unterschiedlich.

***Bild 115.** Verschobene Konstruktionswand des Luftschutzbunker Typ „A“ nach der Sprengur*

Am 24. Januar 1945 sprengten die deutschen Sprengmeister ungefähr 80% der Objekte in die Luft. Es hat keine Bedeutung, ob Sprengladungen ein oder zwei Tage lang gezündet wurden. Die Soldaten der Roten Armee betraten das zerstörte Gelände der „Wolfsschanze" am 27. Januar 1945.

Bild 116. *Die Ruinen des Bunkers Bormann. Sommer 2013.*

Bild 117. *Die Ruinen von den Hotel-Unterkunft FBB. Sommer 2012.*

Entminung

Das Gelände um die „Wolfsschanze“ wurde im Frühsommer 1944 vermint. Die Länge des Minensperrfeldes betrug 10,2 km, die Breite 50 bis 200 m. Zwei Drittel des Minenfeldes befanden sich im Wald, ein Drittel lag im offenen Gelände.

Der Minnen Sperrgürtel war von außen und innen mit zweireihigem Stacheldrahtzaun umrundet, über ihm wurde zusätzlich Stacheldraht gespannt. Der äußere Zaun wurde mit Minnen - Fällen, Signalminen mit Spannfunktion vermint, um den Durchgang zu verhindern.

Der Minengürtel auf dem Minenfeld bestand aus unterschiedlichen Stelleminen, d.h. aus kombinierten Minen, die selbst gemacht waren. Für den Bau dieser Minen benutzte man 1kg schwere Sprengstoffwürfel in Metallverpackung, die sich als instabil in normalen Witterungsverhältnissen erwiesen. Sie wurden zum Bau der Panzerminen, Panzerbrechender und Antipersonenminen verwendet. Zum Bau der Antipersonenminen wurde 200g Sprengstoffwürfel benutzt, die in Papier eingewickelt wurden und noch zusätzlich geteert wurden. Diese Minen, die sich unter der Erde befanden, sind viel besser als die 1 kg schweren Personenminnen (Metallverpackung) erhalten geblieben. In den Sumpfgebieten wurden andere Stellenminen, die Glassminen, verwendet.

***Bild 118.** Militärisches Gelände Betreten Verboten! Minenfeld. April 1946.*

AUF DEM MINENFELD - DURCHGÄNGE

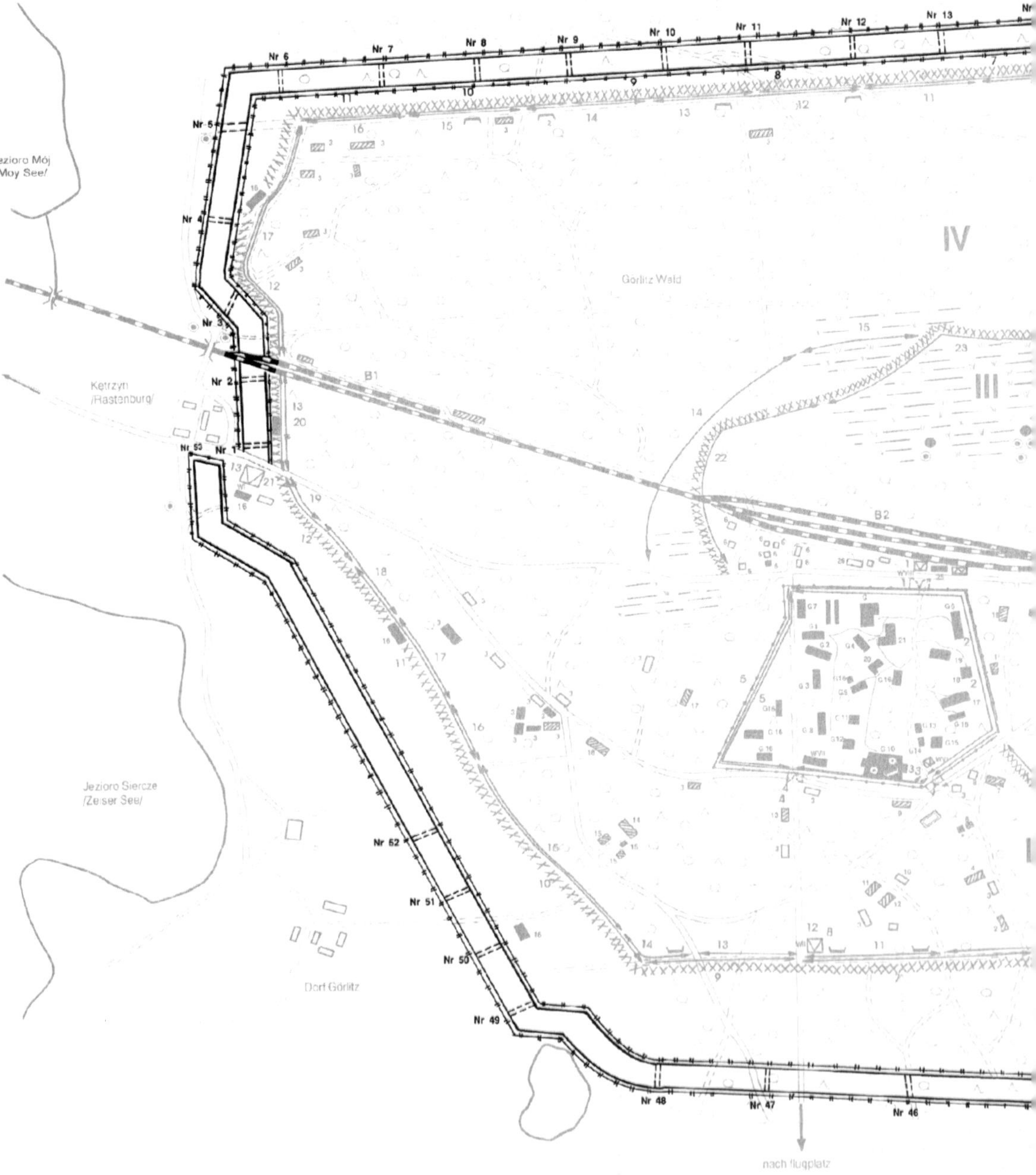

Nr 17
Nr 18
Nr 19
IX 1944
Nr 21
Nr 22
Nr 23
Nr 24
Nr 25
Nr 26
Nr 27
Nr 28
Nr 29
Nr 30
Nr 31
Nr 32
Nr 33
Nr 34
Nr 35
Nr 36
Nr 37
Nr 38
Nr 39
Nr 40
Nr 41
Nr 42
Nr 43
Nr 44
N
W
E
S
Węgorzewo
/Angerburg/

Bild 119. *Glassmine 43 (Gl. Mi. Hebelzűnder-43) Glasbau: Durchmesser-15,2 cm, Höhe- 12 cm, Gesamtmasse -0,45 kg, Sprenglandungmasse-0,23 kg, Strahlenschlag-10m.*

Bild 120. *Panzerschnellmine A –Zugzünder 42 (Holzmine), Holzbau: Länge: 52,7 cm, Breite: 33cm, Höhe: 11,4 cm, Gesamtmasse: 7,25kg, Sprenglandungsmasse: 5,6 kg, Panzerschlag: 2,6 cm, Zugzűnderdruck: 220kg.*

Bild 121. *Sprengmine 35 (S-35). So genannte Springmine, ausgerüstet mit einem Spann-Zünder, an den ein Draht (Verschlinger-Draht) angeschlossen. Wenn der Draht bewegt wurde, detonierte ein kleiner Sprengsatz, der am Boden der Mine angebracht war, und schleuderte die Mine in der Luft. Wenn sich die Mine auf Brusthöhe des Opfers befand, riss der Boden verankerte Draht den Splint der Zűndnadel des Hauptzünders und verursachte so die Explosion des Sprengsatzes. Infolge deren traf die explodierende Mine mit einer großen Anzahl Stahl Kügelchen, die sich im Rumpf befanden (in einer Smi-35 ca. 340 Matellkűgelchen).*

***Bild 122.** Panzermine T. Mi. Pilz 43. Metallbau: Durchmesser: 31,8 cm, Höhe: 9 cm, Gesamtmasse: 7,8kg, Sprenglandungsmasse: 5,2kg, Panzerschlag: 2,4 cm.*

***Bild 123.** Panzermine Tellermine T. Mi. 35 (Stahl), Metallbau: Durchmesser: 32, Höhe: 8cm, Gesamtmasse: 9,75, Sprenglandungsmasse: 5,4 kg, Panzerschlag: 2,4 cm.*

***Bild 124.** Panzermine T. Mi. 42, Metallbau: Durchmasse: 32,4cm, Höhe: 10,2cm, Gesamtmasse: 9kg, Sprenglandungsmasse: 5,2kg, Panzerschlag: 2,4cm.*

Die Antipersonenminen (S-Springminen) gab es auf dem ganzen Gelände zusammen mit Panzerminen TMi -42 und TMi-43.

Der Kampfwert der benutzten Landungen im Jahre 1952 war: Panzerminen TMi-42 und TMi-43 100%; Antipersonenminen S - Springmine 85 - 95%; 1kg schwere kombinierte Standartladungen 60 - 70%; 200g schwere kombinierte Ladungen mit Sprengstoffwürfel 60% - 70%; Alarmminen 40-60%.

Die Arbeiten bei der Entminung der Minengürtel im ehemaligen Hitlerquartier bestanden in der Herstellung von 1 bis 5 m breiter Durchgänge, die die Minenfelder überqueren sollen und die Feststellung von Minentypen und Verminungssystem erlauben sollen. (Siehe Minenfeldmappe, s. 120)

Durchgangsnummer-Minenarten.

Vom Nr. 1bis 16- 1 kg schwere Antipersonenminen mit Zünder –SMiZ 35;
Nr.17- gemischte, Antipersonenminen, Panzerminen TMi-42;
Vom Nr.18 bis 21-Antipersonenminen;
Vom Nr.22 bis 24- gemischte;
Nr.25-gemischte, Antitransportminen;
Vom Nr. 26 bis 32 – gemischte;
Nr. 33 gemischte, Antitransportminen und Panzerminen;

Bild 125, 126. *Erste Etminungsphase, der geöffnete Durchgang.*

Vom Nr. 34 bis 36 Panzerminen TMi-42, TMi-43 und Antipersonenminen S-Sprengminen;
Vom Nr. 37 bis 40- gemischte;
Vom Nr. 41 bis 43- Antipersonenminen;
Vom Nr. 44 bis 46- Antipersonenminnen Glasminen, 200g Antipersonenminen mit Sprengstoff würfel und Zünder SMiZ, 1kg schwere kombinierte Minen mit Zünder Z-35;
Vom Nr. 47 bis 52- gemischte, Antipersonenminen und Antitransportminen.

Große Schwierigkeiten bereitete den Pionieren die technische Erkennung des Minenfeldes im ehemaligen Hitlerquartier. Die deutschen Sprengmeister platzierten Minen in Reihen von verschiedener Länge und Breite. Diese Reihen bestanden aus verschiedenen Arten von Minen, die „auf falte“ gesetzt wurden. Sie wurden wechselweise gesetzt, zuerst vier Reihen mit Panzerminen, dann sechs Reihen von Minen eigener Konstruktion, d.h. 1kg – Standardladungen mit Zünder DZ-35. Weil nur 1,5 m breiter Durchgang geschaffen wurde, kann man nicht das genaue System der Verminung feststellen. Die Arbeitsorganisation auf dem Minenfeld war folgend: Der Leiter der Pioniergruppe war für zwei Durchgänge verantwortlich und teilte die Gruppe in zwei Kleinere drei Soldatengruppen zur Entminung.

Bild 127. *Der Minensperrgürtel war von Außen und von Innen mit zweireihigem Stacheldrahtzaun. April 1946.*

Die Arbeit in diesen kleinen Gruppe sah so aus, dass der Pionier Nr.1 auf den Durchgängen arbeitete und für sie verantwortlich war, d.h. er machte das Gelände mit verlängerten Landungen sauber und erfasse und zerstörte Minen.

Die Pioniere Nr. 2 und Nr. 3 führten Hilfsarbeiten aus. Sie Hoben verlängerte Landungen sowie Sprengstoffe auf und sie stellten Pfähle zur Kennzeichnung der Minenrichter, um richtig das Schema des Minenfeldes zu erkennen.
Bei der Durchsuchung des Geländes nutzte der Pionier Nr. 1 ein Rechteck, das die genaue Erkennung des verminten Gebietes erleichterte.

Die Sprengung der verlängerten Landungen und Zerstörung von Minen hatte eine genau bestimmte Zeit und es gab bestimmte Signale für den Anfang und für das Ende der Entminungsarbeiteten.

Für jeden Durchgang war der Pionier Nr. 1 verantwortlich. Zu diesem Zweck wurde vor dem Eingang zu jedem Durchgang ein Schild mit seinem Namen gestellt.

Die Arbeit des Pioniers auf dem Minenfeld bestand aus drei Phasen.

***Bild 128.** Arbeit eines Pioniers auf dem Minenfeld. Herbst 1947.*

Die erste Phase war die Säuberung des Geländes mit Hilfe von drei Stück verlängerten Landungen gleichzeitig. Die Länge der Landung war 3m, der Querschnitt 7x7, Höhe der Aufhängung 1m.

Die zweite Phase war Lokalisierung der Mine mit Fangarmen und die Durchsuchung des Geländes mit Minensuchtgerät.

In der dritten Phase wurden die Minen mit Hilfe von 1-Sprengstoffwűrfeln auf der Stelle ihres Auffindens zerstört. Das entminte Gelände wurde nochmals kontrolliert.

Die Auflösung des Minenfeldes um ehemalige „Wolfsschanze“ kann man in der der Phasen einteilen.

Die erste Phase findet 1945 statt, als sowjetische Pioniere Teile der Durchgänge Nr. 2, 4, 8, 23, 24, 32, 34, 44 entminten. Ungefähr 14 000 Minen verschiedener Art wurden geborgen und zerstört.

Die zweite Phase fällt auf die Jahre 1946 bis 1949. Er war Zeit der einleitenden Entminung, die von der polnischen Einheit des 46. Selbständigen Bataillons der Pioniere der 15. Infanterie Division aus Olsztyn (Allenstein) durchgeführt wurde.

Bild 129. *Hohes Gras, die große Schwierigkeit der Arbeit eines Pioniers. Herbst 1947.*

Die Dritte Phase der Entminung umfasst die Jahre 1951 bis 1955. In dieser Zeit arbeiteten Pioniere der 2. Warschauer Schweren Pionierbrigade und des 5. Pionierregimentes aus der Nähe von Stettin (Szczecin) auf dem Minenfeld.

Am 5 Mai 1946 nahm das aus zwei Zügen bestehende Bataillon die Entminung der Region Kętrzyn (Rastenburg) auf. Die Pioniere fingen die Entminung der Durchgänge Nr. 1, 2, 3, 4, 5, 22, 23, 25, 26, 27, 28, 29, 30, 31, 32, 33, 34, 39 an. In dieser Zeit zerstörten sie über 10,000 Stück verschiedene Arten von Minen.

Nach drei Jahren Pause führten die Pioniere des 46. Bataillons die Arbeiten an der Entminung dieses Geländes fort. Man arbeitete vom Frühling bis zum Herbst. Die Arbeitsbedingungen waren sehr hart, weil das Minenfeld nicht umzäunt und mit hohem Gras bewachsen war. Auf diesem Minenfeld zerstörten die Pioniere solche Minen, die aus zwei Teilen bestanden, d.h. einer Druckmine und einer Spannmine.

Der Kommandant der 1. Kompanie berichtete, dass sich am 23.Mai 1949 ein Unglück ereignete. Der ältere Pionier Misztal wurde schwer verletzt ins Krankenhaus gebracht, wo er starb.

Bild 130. *Der Ponier Nr. 1 auf dem Durchgängen arbeitete. Herbst 1947.*

Die Pioniere beschwerten sich über schlechten Zustand der technischen Ausrüstung. Der Autopark galt als der schlechteste im ganzen Regiment, die Fahrer behaupteten, dass sie gezwungen wurden, in diesen Einheiten zu arbeiten. Die Leiter dieser Einheiten überzeugten die Soldaten, dass die Arbeit auf dem Minenfeld ein Spiel und Kampfaufgabe ist!

In den Jahren 1946 bis 1949 wurden 19 500 Minen Verschiedener Art auf dem Minenfeld des ehemaligen Hitlerquartiers geborgen.

Die weiteren Arbeiten bei der Beseitigung der Minensperren wurden durch die 2. Warschauer Schwere Pionierbrigade (WSPB) durchgeführt.

Ins große Erstaunen bringt der Mangel an Koordination der Pionierarbeiten mit anderen Einheiten, was die Meldung des Kommandanten des Spähtrupps zum Chef der WSPB vom 23. April 1952 beweist: Weil die Brigade keine Dokumentation über die auf den entminten Abschnitten des ehemaligen Hitlerquartiers durch andere Pioniereinheiten ausgeführten Arbeiten erhielt und auch keine besitzt, sowie wegen Mangels der Erkennungszeichen auf dem Gelände, müssen die Arbeiten bei der Entminung als Tätigkeit auf unbekannten Gebiet aufgeführt werden".

In der Zeit der durchgeführten Verminungsarbeiten auf dem Gelände des ehemaligen Hitlerquartiers erlitt die 2. WSPB folgende Verluste: 2. Pioniere kamen ums Leben, zwei wurden verletzt. Am 16. April 1952 wurde Eleve A. Górny verletzt, am 28. April 1952 kam Pionier W. Bagiński ums Leben, am 20. Juni 1953 wurde K. Bondus verletzt. Drei Unfälle passierten bei der Eröffnung und Siescherung der Antipersonenminen vom Typ Spring mit Druck und Spannfunktion. Am 26. Juli 1953 wurde Pionier J. Morawski während der Detonation der Panzermine TMi-42 getötet.

Die Entminung der 8 bis 11 Jahre alten Minenfelder war eine sehr schwere und harte Arbeit wegen der großen und dichten Gräser. Die Untergruppen der Brigade erreichten folgende Ergebnisse:

Die Kompanie des Spähtrupps arbeitete 4438 Stunden und barg in dieser der Zeit 4800 Minen. Die Verminung und ihre Arten wurden bestimmt.

Die Kompanie der Sonderkompanie der Pioniere arbeitete 610 Stunden und barg 443 Minen.

Die Unteroffizierschule arbeitete 4655 Stunden, 5400 Minen wurden geborgen.

1. Ponier Bataillon arbeitete 5497 Stunde, 5570 Minen geborgen, 200 ha Erde wurde gepflügt.

Binnen zwei Jahren bargen und zerstörten die Pioniere der 2. Warschauer Schwere Pionierbrigade 27 937 Minen, darin 19 756 Antipersonalminen, 7951 Panzerminen. 21 388 Stunden wurden geleistet, davon 12 759 auf Minnefeld. Für jeweils 1000 geborgene und zerstörte Minen wurden gebraucht: 770 Stunden, 2680 kg Sprengstoffe, 1040 Liter Benzin.

In den Jahren 1952 - 1953 wurden 52ha entmint, darin 43ha Wiesen. Die weitere Entminung führte das 5. Pionierregiment aus Szczecin - Podjuchy aufgrund des Sonderbefehls vom 30. März 1954. In den Jahren 1954 - 1955 zerstörten die Pioniere der 5. Regimenter 26 408 Stück Minen und pflügten 72 ha Wald. Während dieser Arbeiten fand ein Unfall statt: am 20. Oktober 1954 wurde Pionier H. Górski auf Durchgang Nr. 4 schwer Verletzt.

Binnen 10 Jahren bargen und zerstörten die Pioniere auf dem Minenfeld des ehemaligen Hitlerquartiers ca. 80 845 Minen verschiedener Art, ein Viertel davon bildeten Panzerminen. Nach den erhaltenen Archivmaterialien kamen bei der Entminung drei Pioniere um, und drei wurden schwer verletzt.

Heute, dank der großen Arbeit der Pionier ist die „Wolfsschanze“ als touristisches Objekt völlig sicher.

Bild 131. *Gedenktafel zu Ehren der polnischen Pioniere. Am 17. Oktober 2003.*

Schlusswort

In der Vorliegenden Arbeit sollte die Geschichte der FHQ „Wolfsschanze" als die eines Ortes dargestellt werden, wo ein Mann über das Schicksal mehrerer Millionen Menschen bestimmte. Das tragische Kapitel im Wandel unserer Kultur muss den weiteren Weg der Gesellschaftsordnung klar prägen in zwischenmenschlichen und internationalen Beziehungen – ohne Faschismus, Nationalismus und Chauvinismus.

Wenn ich die Ursache bewaffneter Konflikte der letzte Jahre Europa und weltweit betrachte, denke ich, der deutsche Philosoph G. W. F. Hegel, der um Jahrhundertwende vom 18. Zum 19 Jh. Lebte, Recht hatte, indem er schrieb: „Aus der Geschichte…".

Indem ich die gesammelten Quellen analysierte, bemühte ich mich, darin die rein menschliche Motivation zu entdecken. Was meinte Generaloberst Jodl, der das Leben in der „Wolfsschanze" zu einem Leben im KZ verglich, obwohl er nie in einem KZ war? Nach dem Krieg erschien eine Vielzahl an Arbeiten, deren Verfasser den Alltag der „Wolfschanze" kannten. Die Mehrheit klagte über das feuchte Klima, die Mücken - Plage und Rheumabeschwerden und völlig fremd war ihnen das Los der Frontsoldaten, ihrer Landsmannes, die an der Ostfront vor Kälte in Masse starben.

Jenseits der Front bezeichnete J. Stalin das Interesse für den sowjetischen Soldaten so: „Der Tod eines Soldaten ist eine große Tragödie. Der Tod von Millionen von Soldaten i nur eine Statistik".

Die Tatsache des Attentats des Grafen von Stauffenberg auf A. Hitler hat in den Augen eines polnischen Historikers eine andere Dimension. Ich bin überzeugt, dass es ein Akt höchsten Mutes eines deutschen Bürgers zu seiner Nation war. Meiner Meinung nach hätte der Tod Hitlers am 20. Juli 1944 tief greifende Folgen für die Polen gehabt. Ganz sicher wär es nicht zum Ausbruch des Warschauer Aufstandes (1. August 1944) und dem Massaker der Zivilbevölkerung Warschaus gekommen.

Auf die meisten Probleme stieß ich, als ich das Thema der Beseitigung der Minenfelder rund um die „Wolfsschanze" beschrieb. Ich konnte die genaue Anzahl der Todesfälle unter den Pionieren und Zivilbevölkerung nicht feststellen. Die Militärberichte verzeichneten lediglich, dass es Todesfälle unter der Zivilbevölkerung gab. Es existiert keine Beschreibung der Umstände dieser Geschehnisse.

Es besteht die Frage, ob deutsche Kriegsgefangene zur Entminung herangezogen wurden. Tatsächlich war es die deutschstämmige Bevölkerung, die sich während des Krieges auf „Volkslisten" freiwillig hat aufnehmen lassen. Nach dem Krieg - freiwillig der nicht-nahm sie die polnische Staatsangehörigkeit an. Männer im wehrfähigen Alter wurden eingezogen.

Das gleiche Problem berührte die beim Bau der FHQ „Wolfsschanze" beschäftigten Arbeiter. Berechtig die Arbeit polnischer Arbeiter deutscher Abstammung, die den Status „Volksdeutsch" hatten, dazu zu sagen, die „Wolfschanze" sei von Polen gebaut worden?

Ich denke, dass jedes der Kapitel dieser Arbeit das Thema einer separaten Monografie sein könnte. Meine Aufgabe war es, die Geschichte der FHQ „Wolfsschanze" darzustellen, ohne nach Elementen billiger Sensation zu suchen.

Zum Abschluss mochte ich, dass Worte des deutschen Philosophen G.W.F. Hegel, als Motto meiner Arbeit, im 21 Jahrhundert keine Daseinsberechtigung haben, was ich mir und Ihnen wünsche.

Bild 132. *Hier lebte A. Speer. Sommer 2000.*

D. Verzeichnis der Personennamen

Bibliographie

Gedruckte Quellen, Dokumentation

- Dokumente aus dem Institut für Zeitgeschichte, München; dem Bayerischen Hauptstaatarchiv, München; dem Bundesarchiv, Koblenz; Bundesarchiv-Militärarchiv, Freiburg im Breisgau; dem Militärarchiv, Warszawa; dem Militärarchiv, Toruń.
- Brandley, Dermont; Schulze-Kossens, Richard (Hrsg.): Tätigkeitbericht des Chefs des Heeresperonalamtes General der Inf. Rudolf Schmundt. Fortgeführt von General der Inf. Wilhelm Burgdorf. 1.10.1942 - 29.10.1944. Osnabrück 1984.
- Hitlers Lagebesprechungen. Die Protollfragmente seiner militärischen Konferenzen 1942-1945, Stuttgart 1962.
- Hitlers Weisungen für die Kriegführung 1939-1945. Walther, Hubatsch, Frankfurt/Main 1962.
- Jochmann, Werner (Hrsg.): Adolf Hitler-Monologe im Führerhauptquartier 1941-1944. Die Aufzeichnungen Heinrich Heims. Hamburg 1980.
- Schramm, P. E. (Hrsg.) Kriegstagebuch des Oberkommandos der Wehrmacht (Wehrmacht- Führungsstab), Bad I; 1. Januar – 31. Dezember 1941; H.A. Jacobsen, Frankfurt/Main 1965, Bad II; 1. Januar 1942-31 Dezember 1942, A. Hillgruber, Frankfurt/Main 1963, Bad III; 1. Januar 1943-31.Dezember 1943, W. Hubatsch, Frankfurt/Main 1963, Bad IV; 1. Januar 1944-22. Mai 1945, P.E. Schramm, Frankfurt/Main 1961.
- Singer, Hedwig (Hrsg.): Quellen zur Geschichte der Organisation Todt. Handbook of the Organisation Todt. London 1945, Osnabrück 1992.
- Wagner, Elisabeth von (Hrsg.): Der Generalquartiermeister. Briefe und Tagebuchaufzeichnungen des Generalquartiermeisters des Heeres, General der Artillerie Eduard Wagner. München Wien 1963.
- Warlimont, Walter: Im Hauptquartier der deutschen Wehrmacht 1939-1945. Grundlagen-Formen-Gestalten. 2 Bde. München 1978, Augsburg 1990.

Zeitschriftenaufsätze

After the Battle. Guide to Hitler's Headquarters, Number 19, Special, London 1977.

Das Führerhauptquartier 1939-1945. Zeitgeschichte im Bild. Herausgegeben und zusammengestellt von Gerhard Buck, Dörfler Verlag 3., Aufgabe 1973.

Biographien, Tagebücher, Erinnerungen, Historische Untersuchungen

- **Baur, Hans:** Ich flog Mächtige der Erde. Kempen 1962.
- **Belov, Nicolaus von:** Als Hitlers Adjutant 1937-1945. Mainz 1980.
- **Böhm, Klaus:** Die Organisation Todt im Einsatz 1939-1945. Dargestellt nach Kriegsschauplätzen auf Grund von Feldpostnummer. Osnabrück 1987.
- Ders,: Die Organisation Todt. Bauen für Staat und Wehrmacht 1938-1945. Bonn 1998.
- Ders,: Zeigert, Dieter: Die Führerhauptquartiere. Anlagen und Planungen im Zweiten Weltkrieg. München 2000.
- **Dietrich, Otto:** Zwölf Jahre mit Hitler. München 1955.
- **Fest, Joachim C.:** Hitler. Eine Biographie. Frankfurt/Main Berlin, Wien 1974.
- **Finker, Kurt:** Stauffenberg und der 20. Juli 1944. Berlin 1975.
- **Görlitz, Walter (Hrsg.):** Generalfeldmarschall Keitel-Verbrecher oder Offizier? Erinnerungen, Briefe, Dokumente des Chefs OKW. Göttingen, Berlin, Frankfurt/Main 1961.
- **Halder, Franz:** Kriegstagebuch. Stuttgart 1962/1964. Heeresadjutant bei Hitler 1938-1943, Aufzeichnungen des Majors Engel. Herausgegeben und Kommentiert von Hildegard von Kotzen. Stuttgart 1974.
- **Hoffmann, Peter:** Die Sicherheit des Diktator, Hitlers Leibwachen, Schutzmaßnahmen, Residenzen, Hauptquartiere. Zürich 1975.
- **Hoffmann, Peter:** Wiederstand Staatsreich Attentat. Der Kampf der Opposition gegen Hitler. München 1969/1970.
- **Hoßbach, Friedrich:** Die Schlacht um Ostpreußen in der seit 19.7.1944 bis 30.1.1945. Überlingen 1951.
- **Just, Günther:** Alfred Jodl-Soldat ohne Furcht und Tadel. Hannover 1971.
- **Kramarz, Joachim:** Claus Graf Stauffenberg. Der Mann des Widerstandes gegen Hitler. München 1965.
- **Linge, Heinz:** Bis zum Untergang. Als Chef des Persönlichen Dienstes bei Hitler. (Hrsg.) Werner Maser. Dresden 2011.
- **Long, Jochen von:** Der Adjutant. Karl Wolff: Der Mann zwischen Hitler und Himmler. München 1985.
- **Loßberg, Bernhard von:** Im Wehrmachtführungsstab. Bericht eines Generalstabsoffiziers. Hamburg 1950.
- **Maser, Werner (Hrsg.):** Wilhelm Keitel-Mein Leben. Pflichterfüllung bis zum Untergang. Hitlers Generalfeldmarschall und Chef des Oberkommandos der Wehrmacht in Selbstzeugnissen. Berlin 1998.
- **Müller-Hillebrand, Burkhart:** Das Heer 1933-1945. Entwicklung des organisatorischen Aufbaues. 3 Bde. Darmstadt 1954, 1956, 1969.
- **Reif, Adalbert:** Albert Speer. Kontroversen um ein deutsches Phänomen. München 1978.

- **Schaub, Julius:** In Hitlers Schatten. Erinnerungen und Aufzeichnung des Chefadjutant 1925-1945. (Hrsg.) Olaf Rose. Stegen, Ammersee 2010.
- **Schott, Franz, Josef:** Der Wehrmachtführungsstab im Führerhauptquartier 1939-1945. Diss., Bonn 1980.
- **Schröder, Christa:** Er war mein Chef. Aus dem Nachlaß der Sekretärin von Adolf Hitler. München, Wien 1985.
- **Schulz, Alfons:** Drei Jahre in der Nachrichtenzentrale des Führerhauptquartiers. Stein A. Rhein 1966.
- **Seidler, Franz W.** : Fritz Todt Baumeister des Dritten Reiches. München, Berlin 1986.
- **Sonnleithner, Franz von:** Als Diplomat im Führerhauptquartier. Aus dem Nachlaß. München, Wien 1989.
- **Spaeter, Helmut:** Die Geschichte des Panzerkorps Großdeutschland 3 Bde. Duisburg 1958.
- **Toland, John:** Adolf Hitler. Bergisch Gladbach 1977.

Bildnachweise

Bild: Buchdeckel, Nr. 6, 26, 27, 28, 29, 35, 37, 39, 54, 113, 114, 115, 116, 117, 132, L. Mikulski.

Bild: Nr. 1, 2, 22, 47, 48, 49, 77, 78, 80, 87, 107, 119, 120, 121, 122, 123, 124, 131, J. Zarzecki Privatarchiv.

Bild: Nr. 3, 5, 14, 15, 19, 23, 40, 41, 51, 66, 68, 69, 73, 81, 84, 89, 99, 101, 102, 103, 104, 105, 106, H.H- Bibliothek für Zeitgeschichte Bildarchiv H. Hoffmann.

Bild: Nr. 4, 31, 32, 44, 57, 65, 70, 71, 75, 76, Kreisgemeinschaft Rastenburg.

Bild: Nr. 7, 8, 9, 21, 33, 46, 57, 64, 67, 74, 85, 86, 88, 90, 91, 92, 93, 94, 95, 96, 97, 98, 110, 112, Illustrierter Beobachter, IB - Institut f. Zeitgeschichte, München.

Bild: Nr.10, 11, 12, 13, 16, 17, 42, 43, 58, 59, 60, 63, 72, 79, 100, 107, 108, Bildagentur für Kunst, Kultur und Geschichte, Berlin.

Bild: Nr. 18, 50, 52, PAP Warszawa.

Bild: Nr. 20, 38, 53, 56, 109, Ullstein Bilderdienst.

Bild: Nr. 24, 25, 30, 34, 36, Walter Frentz Archive.

Bild: Nr. 43, 45, BE & W -Agencja Fotograficzna, Warszawa.

Bild: Nr. 55, 61, 118, 124, 126, 127, 128, 129, 130, Wojskowa Agencja Fotograficzna, Warszawa.

Bild: Nr. 82, 83, Archiv Museum KL Auschwitz - Birkenau.

Bild: Nr. 111, A. Faliszewski.

Sperrkreis II

1. Nachrichten Luftschut
2. Wehrmachtführungsst
3. Heizungskeller
4. Ehemalige „Kurhaus“ N (Fernschreibvermittlur
5. Das Haus für die Gäste
6. Der Kommandant Füh
7. W. Warlimont, Gen. Ste A. Jodl im Wehrmacht